北京宣传文化引导基金资助项目

朝野琐记

［清］张宝璇 著

张树伟 点校

北京联合出版公司
Beijing United Publishing Co.,Ltd.

图书在版编目（CIP）数据

朝野琐记 /（清）张宝璇撰；张树伟点校．— 北京：北京联合出版公司，2023.3

（北京文献丛书）

ISBN 978-7-5596-6587-4

Ⅰ．①朝… Ⅱ．①张… ②张… Ⅲ．①中国历史－古代史－史料 Ⅳ．① K220.6

中国国家版本馆 CIP 数据核字（2023）第 011524 号

朝野琐记

作　　者：[清] 张宝璇
点　　校：张树伟
出 品 人：赵红仕
出版监制：刘　凯
审　　稿：王道成
责任编辑：孙常凤
封面设计：王　鹏
内文排版：北京麦莫瑞文化传播有限公司

北京联合出版公司出版
（北京市西城区德外大街 83 号楼 9 层　100088）
固安兰星球彩色印刷有限公司印刷　北京联合天畅文化传播有限公司发行
字数 88 千字　880 毫米 ×1230 毫米　1/32　5 印张
2023 年 3 月第 1 版　2023 年 3 月第 1 次印刷
ISBN 978-7-5596-6587-4
定价：68.00 元

　文献分社出品

出版说明

《朝野琐记》，不分卷，清代张宝璇撰。张宝璇，生卒年不详，浙江仁和县（今属浙江杭州）人。嘉庆癸酉年（1813）举人，道光己丑年（1829）进士，翰林院庶吉士，曾任职于户部、吏部、都察院，做过户部员外郎，四川道、河南道御史。

《朝野琐记》内容丰富，不仅记有关于政治、经济、科举等方面的朝中之事，还有大量对北京史迹的记载和考证，另涉及朝野人物、诗文字画、礼仪音乐、世风人情、天文气象、中外交往、百货交易、朝野美食等，包罗万象，具有非常重要的史料价值。

《朝野琐记》目前所见版本只有国家图书馆珍藏的手抄本孤本，现据此本标点，并查阅相关典籍做了校订。

《朝野琐记》原书稿为竖排繁体字手抄本，每半页大字九行二十一字，注释为小字，双行排列。为方便读者使用，本次整理采用横排简体字形式，原书稿中的繁体字、异体字统一改为通用规范简体字，俗字、通假字等则不做更改。书中原注释文字加圆括号标示。为保持古籍原貌，书中涉及的引文，不据其所引原书做校改；书中出现的错字，不直接删改，只在其后加六角括号标示正确用字；书中有遗漏内容处，加方括号补充。原书缺字或不能辨认的，用□标示。其他情况或校改则加校注文字说明。

由于水平所限，错误或不当之处恐所难免，希望读者随时指正。

本书编委会

2023年3月

朝野琐记

武林张宝璇味农著　　男俨、伟、侃校字

同年礼部俞松石（树风），寓宣武门外绵花七条胡同，历有年所。己亥五月初三日夜，小婢取物空屋，遗火渐炽，至三更烬焉。余往吊，询及预兆。言：二十余日前，东厢挂美人画帧，夜忽作响。其夫人闻以告，人不之信。火之前夕，夫人辄呼众共聆之，果策策有声，及往视，无所见。因易西厢美人画悬之，俄仍响作如前。次日火，即东厢毗连屋也。余谓此非画异，乃融风也。按，《春秋》昭公十八年，"宋、卫、陈、郑灾"传："夏五月，火始昏见。丙子，风。梓慎曰：'是谓融风，火之始也。七日，其火作乎！'戊寅，风甚。壬午，大甚。宋、卫、陈、郑皆火。"杜注："东北曰融风。融风，木也。木，火母。故曰火之始。"今松石易画而响不息，又在东厢，是融风扇画，画作声也，故为火兆。

宋叶梦得《避暑录话》云："自古夷狄乱华，无甚於刘元海，其得志无几而子和卒见弑，至聪遂亡，曾不及二十年。其次安禄山，不二年，亦弑於庆绪。阿保机虽仅免於弑，不及反国，以帝靶〔羓〕归。元昊称兵西方十五六年，其末弑於佞令哥。天之於善恶顺逆不可欺如此。桀、纣为虐，所杀中国之人犹可数计，而皆以亡天下，纣不免於诛死。岂有裔夷长驱涂炭，毒流四海，因之以死者何可为量，而得令终耶？今金贼犯顺亦已十年，以天道言之，数之一周也，其将有禄山、元海之变乎。"云云。按，金祚后虽差久，而海陵卫王再被弑，蒙古侵凌，遂至於亡。少蕴（叶号）之言，可谓不爽。今英夷海外小国，恃其船炮至精，威胁邻邦，坐收关税，以致富强。自乾隆、嘉庆年间，已萌窥伺之迹而不得逞。迨林督焚其鸦片，得以借口；琦侯示弱讲和，启其狡心。於是，憪焉犯顺，浙江定海、乍浦，福建厦门、台湾，江苏镇江、上海，粤东省城，咸被其毒。歼我提镇，伤我军民，受害遍海内。兹虽请和通商，外焉驯服，而七口之议，诡诈强横，贪利无厌，徒以船炮精锐，人不能敌故耳。然天道神明，人不可专杀。自古恃强亡国者甚多，彼苍岂久容此虏哉？自道光己亥至今乙巳已七年，大约亦不过一周之数而已。

余自嘉庆丁丑以后，留京候南宫试，寓先师山阳汪文端公（廷珍）宅，公命司记室。道光丙戌岁，公总理国子监，轮课监生卷，多属余及同寓友分阅。时有诗题《波漂菰米沉云黑》，得菰字。菰，胡麻也。试卷类就韵倒押麻胡。一日，谈次及此，以为不经。公曰："麻胡亦有典实。昔京师有贵游纳婿，设次通衢，先观人物，岳母忽笑曰：'我女如生菩萨，却嫁个麻胡子。'谓其多髯也。迨赋诗催妆，婿乃大书曰：'一双两好古来无，好女从来无好夫。却扇卷帘明点烛，待教菩萨看麻胡。'"公语毕，四座皆解颐。余后见此事载於宋周辉《清波杂志》。

宋葛谦问（郯）为毗陵倅，尝语人曰："人生腊月三十夜，要当了了，方见平生着力处。"后守临川，一日微疾，忽索笔书偈曰："大洋海里打鼓，须弥山上闻钟。业镜忽然打破，翻身透出虚空。"召僚吏示之，端坐而逝。东坡云："陶渊明出妙语於纩息之余，岂涉生死之流哉？"葛庶几近之。因忆汪文端公师，於道光丁亥归道山，临终神清气定，自草遗疏略曰："当今圣世，重熙累洽，纲举目张，中外乂安，百无可虑。致治保邦之要，惟在休息生民，保养元气而已。伏愿皇上率由旧典，图任老成，本简静以临民，崇忠厚以善俗。赏罚公则兆民服，号令信则万国乎。仁以育物，而独断则惟刚；勤以敕几，而推行贵以渐；广纳群言，而谋利必斥；矜慎庶狱，而赇吏勿赀（恐是贯）。出入有经，使赏不逾功，则财用恒足；德威并用，俾直常在我，则边疆永恬。”又遗诗四首云：“结习因缘在眼前，一身憔悴向遗编（予过净慈寺，数五百应真，三次皆遇执书尊者）。精神用尽穷元海，得失无从证后贤（予性懒，又因衰暮、从公无暇著书，然遇有以理数致名物象数，及诗文方技等下问者，必竭所知告之，吏治民情，尤所乐道）。”“汉经宋理总吾师（二者皆入道之阶，互相为用。予生平无所偏主，惟各求其是，疑者阙之），洙泗渊源未许窥。黾勉半生惟强恕，凿楹两字付吾儿（予家世传忠厚，而珍性褊躁，有愧前人，然平心恕物，敢不力勉也？）。”“不羡公侯不学仙，不谈性命不参禅。浮名客气干何事？误我虚生七十年。”“回首茫茫事万端，君亲恩重仰酬难。扪心略有痴愚在，业镜台前任剖看。”生死大事，来去坦然，非真有学问根器者不能也。近道光乙巳二月初一日，前翰林侍读学士南昌彭春农（邦畴）卒於京邸，亦有伏枕口占《奉别同人，兼示儿辈》七绝句云：“承家儒素本安贫，支柱惟愁孑立身。窀穸烝尝差不缺，此行端可见前人。”“早岁先皇记姓名，中年便已卧柴荆。投闲自是微臣分，独愧殊知负圣明。”“故交雅不弃沈沦，事有疑难辄俯询。敢说江湖心魏阙，斧柯假手答枫宸。”“刀掟床头急就章，车停门外问凡将。从兹尊酒论文地，不独伤心弟子行。”“半世当官半世闲，君亲图报事维艰。只余精白心无忝，朗朗犹堪照世间。”“老悖曾无久远谋，尔曹生计自绸缪。西华葛帔知谁念，莫傍人门作浪游。”“昔人已叹倒狂澜，文字於今觉更难。要使此身归有用，须将经史作根蟠。”味其词语，意气安闲，神识不乱。虽未知平生着力何如，亦可谓了了矣。大抵真灵自有业，缘尽各归其所，故能摆脱尘世如此，岂凡俗草亡木卒恋恋顽躯者可比哉？

国将亡，必多考。明崇祯十七年三月十九日，流贼李自成破京师。先是，明之群臣建议者纷纷，而城守卒无料理。十五日尚馆课庶常，十六日召对考选。至十八日寇已从通州至都，一到即破彰义门矣，而内城尚未觉也。南宋末，亦有“只把科场恼秀才”之语。盖其大者、远者、急者，全无精识确见，定议必行，故反纷乱废弛；而考试事显浅易行，措大出身者之所习熟，且有利焉，遂时举而不一废也。

协揆汪文端公，学问渊博，阅文尤称巨眼。初掌成均，刻《成均课士录》。继视安徽、江西、浙江三省学政，每省皆有《试牍立诚编》，所取皆鸿文才士。又尝主浙江癸酉、顺天戊寅两科乡试，道光壬午、癸未两科会试。嘉、道间群推宗工哲匠。公尝有安徽学署训士句云："情性即文章，有德有言，一任平、奇、浓、淡；彝伦皆学问，惟忠惟孝，不分郑、孔、程、朱。"於以见公之为通儒，其取文不拘一格，亦克副斯言也。犹忆顺天戊寅乡试，首题"君子和而不同"，所取多清真有醖酿之文。时有房考某遘疾，公素精医，医不克痊，遂有不得志者作对云："文取章、罗，童子观场皆入彀；医宗卢扁，房官服药即升天。"无稽之言，亦可发一噱也。

道光甲辰重九日，天气晴和，余偕俞松石仪部、钱冬士农部陶然亭登高小饮。时亭久颓圮，移坐邻屋，见败壁题诗甚夥。内一绝云："三十年来忆旧游，老来豪兴未全休。西风一抹斜阳里，我与芦花共白头。"下署铁禅道人。诗意苍凉感慨，酒酣读之，殊难为怀。计余自嘉庆甲戌入都，至今亦三十余年矣。碌碌无成，岁月坐耗，岂得以小杜"但将酩酊酬佳节，不用登临怅落晖"自解乎？又，杭堇浦先生诗云："溪风吹面蹙晴澜，苇路萧萧鸭满滩。六月陶然亭子上，葛衣先借早秋寒。"写亭景如画。

余尝检《礼部则例》卷四十八，"旌表孝义贞节例"注有云："乾隆三年，贵州黄平州烈妇郭氏遭逆苗害，舅姑及夫皆死，伊女同该氏殉节。其家僮关保，年十二岁，背负幼主，避难全生。因家僮无旌表之例，经礼部具题，奉旨著加恩旌表。”夫义仆难矣，仆义而出於十二岁幼孩尤其仅见，非根於天性忠诚乌能及此哉？故特表而出之，以为为奴仆者劝。又，嘉庆十年，礼部题请殉难仆人，准其於祠内（府、州、县卫，俱建忠义孝弟祠一所，内立石碑，应旌表者题名其上，身后设位祠中，春秋祭祀）石碑题名，停止设位。夫停止设位所以昭名分，而贱隶笃行，荣膺朝廷旌典，题碑永垂不朽，岂非芝草无根、醴泉无源哉？

又，卷四十七，“祀名宦乡贤例”注有云：“嘉庆十三年，安徽巡抚奏舒城县生员陈瑞在部呈控职员高珠不应入祀乡贤一折。原奏内称，高珠由监生加捐州同职衔，家道殷实，好善乐施，修葺文庙，捐资独多。举人孔继序等以其有功学校，呈请入祀乡贤，题准在案。嗣有生员陈瑞等以高珠不应入祀乡贤纷纷具控。经礼部奏，交该抚查明，高珠於父母故后卜地未葬，及买失节之妇为妾，诚不免有瑕疵，且无经术文章足为士林矜式。是其入祀乡贤并未允协，应如该抚所请，撤出乡贤祠，以昭慎重。”夫以家道殷实捐资修庙，岂其不足於父母之葬？其心求佳风水耳，而卒挂弹章，则缓葬之罪，幽干神谴，明有王章，子若孙其可不亟谋窀穸乎？

今人交易买卖及借贷，类立契券，本人及中人名下例书私记之字，变幻字体笔画，至不可认识，杜人摹仿，谓之“花押”，不知所始。予读《石林燕语》有云：“唐人初未有押字，但草书其名以为私记，故号‘花书’，韦陟‘五云体’是也。余见唐诰书名，未见一楷字。今人押字，或多押名，犹是此意。”云云。是知此事昉於唐，特前人押名，今人则於名下另押私记之字耳。

宋魏泰《东轩笔录》云：“近世书问，自尊与卑，即曰不具；自卑上尊，即曰不备；朋友交驰，即曰不宣。三字义皆同，而例无轻重之说，不知何人创始，世莫敢乱。”云云。此三语可见由来已久，但今人书问则概用无分别也。此外，又有不庄、不戬、不尽等词，大率一类。

明阮圆海（大铖）以阿魏珰为清流所摈，崇祯年间闲居草野十七年。弘光南渡，觊复起用，其自署门曰：“无子一身轻，有官万事足。”当时论者谓阮只欲一官，使当事或以贵抚，或以豫抚仕之，其愿大足矣。惜清流持论太苛，酿成奇祸，不可谓非君子之过。乃吾谓圆海真愚小人也。弘光时，计其年应四十五十而无闻时矣，既称无子亦可已矣，而犹冀一官起用，怙恶不悛，朋党误国，卒之国破家亡，身降恶死，遗臭万载。平日之才与学安在？甚矣！热中之祸，而鄙夫之不可与事君也。即当时清流引与同事，亦必怀奸怙权，另启亡国之祸。论者徒归咎君子之过，谬矣！

相传前明京朝官退居林下可以上疏言事，故乡绅之势横，而地方官惮之，然事无左证。近阅《杨忠烈公（涟）文集》，有《与曹真于》书简云："月来公论，稍是清楚。近又见一掌科，狠参平章，党同可骇。言官固应如此乎？若不肖前日之决归，原欲省议论，免有角触，令手滑自我开也，不虞又多一番回话之事。大老於此，当有妙剂为是。近闻明旨且严，欲直穷到底，亦不免天海稍隘。不肖欲一疏开解，又思在野小臣，当事自有大老，公然申救，似属非分非法，且恐彼中不谅，或又谓是故意卖重，为速出山地，故尔中止。"此可为退居上疏之证。

分宜罢相，世蕃怙恶不悛。为直指弹劾，交刑部治罪，华亭相（徐阶）与同朝会议，有"严公子骑款段出都门"之虑，故专正其通番谋叛之罪。相传案未定时，分宜行贿于华亭。华亭不能决，绕厅柱而行，将一昼夜，其子用言挑之，方露。子曰："不难，收赂以安其心，杀贼以谢天下。"华亭遂决。纳赂，奏斩世蕃云。世蕃子孙分发大同、泾州，安置为乐户。今泾州严家山妓，皆严后。每月朔望，赴州应值。山上有介溪像，带毡帽，置朝冠于桌上。每年正月，各房轮值祭祀，此事世不尽知。观奸凶末路后裔如此，人不以为鉴，而犹蹈其辙，何哉？

予尝阅《礼部则例》一百四十二卷《乐舞门》云："凡除夕、元旦、上元等日筵宴，设乐舞。曰庆隆舞，曰喜起舞，曰蒙古乐曲，曰朝鲜国俳，曰瓦尔喀部乐舞，曰掌仪司掷倒伎、火树童子、禾调伎（即唱秧歌人，二项惟上元日承应）、回部伎，曰番子番童乐舞，曰善扑人，曰廓尔喀乐舞，曰粗缅甸乐、细缅甸乐。各该衙门先行演习，届期预备进舞。庆隆舞、朝鲜国俳、瓦尔喀部乐舞，由礼部承应。喜起舞，由乐部奏派。蒙古乐曲，由什帮衙门承应。掌仪司掷倒伎、回部伎，由内务府承应。番子番童乐舞，由健锐营大臣承应。善扑人，由善扑处承应。廓尔喀乐舞，粗缅甸乐、细缅甸乐，由乐部承应。筵宴后，礼部将各伎艺、曾经进舞者分别奏明，赏给缎匹有差。"按，诸乐曲中，惟蒙古乐曲音节入古，词语尤多精警。今备录如左。

蒙古乐曲

"人君之乐，恃此纪纲。兆民之乐，恃我君王。室家孔宜，夫君之力。朋友有成，和辑之德。"（右《牧马歌》)“八种成坏兮，实人世之常。堕迷网中兮，欲锁与情缠。愚人无识兮，乐兹殊未央。执空为有兮，谬语其奚当?”(右《古歌》)“不澡心於群经，具本性而无明。不服膺于佛乘，说妙行而听荧。”(右《如意宝》)“一人首出，万国尊亲。湛恩汪濊，普被生民。百花敷荣，一日悦目。灌顶宝光，万众所伏。”(右《佳兆》)“良胡畏哉，襄以至诚。良胡过哉，竭己所能。良胡伪哉，语无文饰。良胡怠哉，罔敢休息。”(右《诚感词》)“有君圣明逾戴天，有臣靖共胜后嗣。健妇持家过丈夫，如意宝珠惟孝子。”(右《吉庆篇》)“灭除己罪，仗佛真言。如欲疗病，惟良药存。菩提镫兮，出众生於黑暗。智慧梳兮，节〔栉〕六欲之纠缠。”(右《肖者吟》)“大海之水不可量，天府宝藏奚渠央。良朋和睦益无方，圣有谟训垂无疆。”(右《君马黄》)“人君能仁，烝黎之父。君子和平，群相肺腑。懿厥哲人，实惟师傅。匿智怀私，乃民之蠹。”(右《懿德吟》)“惟安惟和，心意所欲。无贰无虞，朋友式穀。”(右《善哉行》)“分人以财，惠莫大焉。施人以慧，宁不逾旃。”(右《乐土谣》)“日将出兮，明星煌煌。寿斯徵兮，秀眉其庞。三十维壮，五十迟暮。莫亲祖母，莫尊祖父。”(右《踏摇娘》)“我马蹀躞，行如流水。俊英满座，交亲悦喜。族党姻娅，咸富且贵。酌酒为欢，既多且旨。”(右《颂祷词》)“十五欢娱八十衰，壮容华茂迟暮悲，祖妣最亲祖尊哉。"（右《慢歌》）"遵王之路兮愆尤希，素位而行兮夫奚疑。"（右《唐公主》）"罔有败事兮，遵道而行。长无离析兮，顺亲之情。"（右《丹诚曲》）"瞻彼日月，虚空发光。圣君圣母，焜耀万邦。"（右《明光曲》）"日月之明兮，容光必照。圣君之明兮，蒸黎咸造。"（右《吉祥师》）"际圣明时，良我福只。横被恩泽，良我禄只。"（右《圣明时》）"倏忽变迁，顺其自然。如彼蜃楼，余生渺焉。"（右《微言》）"诸恶莫作，菩提萨多。瞑曚妄行，用随〔堕〕三涂。"（右《际嘉平》）"经何本？本於宗。身何本？媪於翁。罪何本？嗔爔爔。福何本？和雍雍。"（右《善政歌》）"靡言不适於道兮，水万派而朝宗。夫惟外道之妄语兮，井自画而不通。"（右《长命词》）"惴惴原兽，思全其身。兢兢庶士，思庇后昆。"（右《窈窕娘》）"维彼愚人，惟知己身。惟此哲人，心周万民。"（右《湛露》）"六欲相牵，微生是恋。叹彼驹光，如梦如电。"（右《四贤吟》）"慈悲方便，永断疑情。极乐净土，不灭不生。"（右《贺圣朝》）"知之而作兮，明哲所由。不知而作兮，庸愚之俦。虑而后动兮，卓彼先觉。率而妄动兮，是乃下流。"（右《英流行》）"马蹀躞兮，身不获康。念此身兮，本自无常。马腾骧兮，生不获宁。念此生兮，本自无生。"（右《坚固子》）"良马之德，於田可徵。良朋之行，相交乃明。"（右《月圆》）"良马云何？乘者所思。良朋云何？久而敬之。”（右《缓歌》）“惟帝力兮劳来，父母力兮免怀。乘骐骥兮驰骤，仗巨擘弓〔兮〕弓开。”（右《至纯词》）“贡高专美，曰惟不仁。拥资自厚，不久四分。惟不惺惺，乃不戒惧。凶心常萌，谁与共处。”（右《美封君》）“嗟弃捐於岩穴兮，盍远播夫芳声。嗟终老於草莽兮，盍永垂夫令名。”（右《少年行》）“悲哉北邙，令闻宜扬。北邙悲欤，青史不渝。”（右《四天王吟》）“瞻彼中林，芃芃万木。栴檀有香，生是使独。万类咸若，攘攘芸芸。民之父母，首出一人。”（右《宛转词》）“载飞载翔，惟翮是凭。为声为律，惟心是经。射之能中，惟指是凭。交之能善，惟和斯恒。”（右《铁骊）》“彀之成雏兮，孚化之功。羽用为仪兮，赋命之隆。迪彼愚蒙兮，惟圣之功。明厥本性兮，实在己功。”（右《木槵珠》）“惟勤斯哲，安不可怀。溺兹小乐，至乐难期。”（右《好合曲》）“乾照无私，圣教无类。谟训洋洋，鉴师不昧。”（右《童阜》）“骐骥不群蹇驴，鸿鹄不偕斥鷃。驺虞不迩狐狸，圣哲不昵愚贱。”（右《天马吟》）“畴知幻躯，秘此佛性。畴不退转，佛恩来证。上德堕落，畴其知病。下士顿超，畴其知竞。”（右《龙马》）“福慧天亶，诚哉难觏。通人达士，岂奚易逅。”（右《始理》）“葱兮蒨兮，山有芳兰。僮兮祁兮，首有妙鬘。”（右《追风马》）“元首明哉首出，股肱良哉罕匹。贤夹辅兮王室，莫执左道兮蟊贼。”（右《回波词》）“景行行止，下民堪怜。宜泛爱众，毋逆忠言。”（右《长豫》）“骐骥适我体，橐鞬卫我身。嘉言资我道，经史沃我心。”（右《平调》）“升彼高阜兮，思我故乡。有怀二人兮，莫出户堂。陟彼崔嵬兮，思我故乡。有怀二人兮，莫出垣墙。”（右《游子吟》）“帝王无逸，天地和宁。辟公肤敏，兆民阜成。”（右《平调曲》）“日之升，天为经。民之行，君为程。水之流，随坎盈。牝之游，驹之情。”（右《高士吟》）“非冒於货贿也，感兄弟之敬心。非贪於饮食也，感父老之诚忱。”（右《哉生明》）“云何致太平，罩然望皇衢。人生夫何常，善保千金躯。民之不能忘，令名照神区。子孙振绳绳，百千万亿余。”（右《高哉行》）“敬尊佛敕，如滋甘雨。莫行邪恶，种兹罪苦。”（右《三章》）“身无常，花到秋。名无常，雷不留。财无常，蜂酿蜜。业无常，海发沤。”（右《圆音》）“贤者斯贤贤，不贤不贤贤。蜜蜂见花驻，蜻蜓去翩翩。”（右《栏杆》）“千金宝马，不如先人之畀遗。尝尽诸果，不如母乳之甘兮。”（右《思哉行》）“电可畏兮，时届朱明。霜可畏兮，五谷将登。祸可畏兮，欢乐所成。罔不可畏兮，忆神魂之初降生。”（右《法座引》）“火宅无清凉，苦途无安乐。鸟路谁能携，阎浮难驻脚。”（右《接引词》）“阎浮提界，如彼高山。越之维艰，尽却今时。大海漫漫，欲渡良难。”（右《化导词》）“瞻彼堤岸，水则不滥。有君牧民，当无畔散。飞鸟虽疲，宁甘堕地。君子固穷，之死不二。”（右《七宝鞍》）“嗟余生之欢乐兮，似黄离之盈昃。感韶光之荏苒兮，似叶上之青色。及芳华之当齿兮，且喜乐以永日。”（右《短歌》）“时乎时乎，时外无时。时其逝矣，奚与乐为。黄离既昃，定少温暾。天光既暮，曀曀其阴。”（右《夕照》）“皇矣圣世，蔼如仁君。怀哉怀哉，日远日分。亦有良朋，如兄如弟。日远日离，能不遥跂。”（右《归国谣》）“投诚皈命，即安且吉。如佛塔庙，云胡远别。和乐且耽，手足提携，如姊如娣，云胡远离。”（右《僧宝吟》）“酪必成醐，父将成祖。沙必成丘，母将成妪。”（右《婆罗门引》）“试观三界，沤起沤灭。如彼秋云，乍兴乍没。”（右《三部落》）“流水何汤汤，吾生如是游。虽有圣贤人，谁能少滞留？”（右《五部落》）又，番部合奏蒙古乐曲词曰：“元绰是依，神明是祇。一心至诚，昭事勤只。巍巍大君，永底烝民。中心爱戴，稽首来臣。念人生之无常兮，合勤修夫善行。信百行之咸善兮，终和平而神听。”（右《大合乐》）“大君至圣，教敷率土。敉〔敉〕宁万邦，拜跪奉主。”（右《染丝曲》）“丕显元后，惠怀万方。国彦棐恭，协赞邦常。率土之滨，诚意溥将。咸拜稽首，依戴圣皇。”（右《公莫》）“皇皇明圣，无远不烛。林林众庶，无思不服。元化惠心，为善去恶。圣人之邦，长生永乐。”（右《雅政词》）“承乾体元，惟我圣君。光开草昧，惟我圣君。纲纪庶政，惟我圣君。

父母万国，惟我圣君。惟我圣君兮，覆帱如天。惟我圣君兮，自新新民。惟我圣君兮，中外乂安。惟我圣君兮，群慝消沦。拜手稽首兮，颂溢兆民。”（右《凤皇鸣》）“大地茫茫，大海沧沧。岂伊无室，求之奚方。自古在昔，为君为王。膺图御宇，命不於常。实心实政，惠此万邦。圣御大宝，翳惟我皇。翳惟我皇兮，畴可与之颉颃。”（右《乘驿使》）①

“唐张祜《读老庄》诗：‘等闲缉缀闲言语，夸向时人唤作诗。昨日偶拈庄老读，万寻山上一毫厘。’予每见词人自矜一艺，顿忘天地之大。此诗可以入道矣。”此《槎上老舌》语也。余在琉璃厂肆书摊，见诗集不可枚举，多不知其姓名，而古今传诵宗法者，历代仍此有数名家、大家，后人刻诗，汗牛充栋，卒无有过之者。故窃谓诗可以不作，作亦一时写性情，寓寄托；可以不刻，观“等闲缉缀”二句，风雅自命者可废然返矣。

京师前三门，中为正阳，东为崇文，西为宣武。而崇文门俗多称哈达门，沿习久不知所自。予考崇文门，即元之文明门。其时有哈达大王府在门内，俗因借称。至明正统间，始改今名。薛文清公有《夏日出文明门》诗云：“文明门外柳阴阴，百啭黄鹂送好音。行过御沟回望处，

① 此段文字原书书页错排，已据引文内容做了改正。

凤凰楼阁五云深。”宣武门俗又称顺成门，更无考。拜客名片写地址者讹为顺治门，亦非。自此而南，菜市口、南横街等处，俱称宣南坊，每见於诗。

顾亭林《日知录》言：“《洪武实录》，十四年十月辛酉，给事中郑相同请依古制，凡启事皇太子，惟东宫官属称臣，朝臣则否，以见尊无二上之义。诏下群臣议，翰林院编修吴沈言：‘太子所以继圣体而承天位者也，尊敬之体宜同。’从之。历代不称臣之制，自斯而变。”云云。然尝诵唐贾曾《奉和春日出苑瞩目应令（太子曰令）》云：“臣在周南独留滞，忻逢睿藻日边来。”再溯而上之，吴季重《答魏太子笺》《在元城与魏太子笺》，俱称“臣质言”；其与东阿王曹植书，则称“质白”。知于太子称臣，历代未尝无也。

仁和方甘白（华），乾隆朝人。余於嘉庆戊午秋见之，约有五十余岁，身短小质朴，嗜酒，与奚铁生（冈）同时，以画齐名。然奚交广名盛，价重田方。方则率真，不甚结交士林，知者颇少。其画山水，萧疏淡远，宗法云林，楷书淡墨，高浑古穆，纯乎右军。余曾得其画扇二面，楷书扇一面，系亲戚惠赠。闻每一扇面仅润笔银五钱，今即出银五两亦难得此书画矣。闻其两汉书烂熟胸中，岂习八股工试帖者所能？宜其字画超秀，夐绝尘寰也。

“古者，妇于舅姑服期。先王称情以立文，所以责其实也。妇之爱舅姑，不若子之爱其父母，天也。苟致爱之实，妇尝得子之半，不失为孝妇。古之时，女教修明，妇于舅姑，内诚则存乎其人，而无敢显为悖者。盖入室而盥馈，以明妇顺；三月而后反马，示不当于舅姑而遂逐也。终其身荣辱去留，皆视其舅姑之善否，而夫之宜不宜不与焉。惟大为之坊，此其所以犯者少也。近世士大夫百行不怍，而独以出妻为丑，闾阎化之，由是妇行放佚而无所忌，其于舅姑以貌相承而无勃谿之声者，十室无二三焉，况责以诚孝与？妇以类己者多而自证，子以习非者众而相安。百行之衰，人道之所以不立，皆由于此。广昌何某妻魏氏，刲肱求疗其姑，几死。其事虽人子为之亦为过礼，而非笃于爱者不能。以天下妇顺之不修，非绝特之行不足以振之，则魏氏之事岂可使无传欤？抑吾观节孝之过中者，自汉以降始有之，三代之盛未之前闻也。岂至性反不若后人之笃欤？盖道教明而人皆知夫义之所止也。后世人道衰薄，天地之性有所雍遏不流，其郁而钟于一二人者，往往发为绝特之行，而不必轨于中道。然用以矫枉扶衰，则固不可得而议也。魏氏之舅官京师，士大夫多为诗歌以美之，余因发此义以质后之人。”右方灵皋先生《书孝妇魏氏诗后》语也。余取其词有关于世道人心而可以振起颓俗者，故记之。

宋魏泰《东轩笔录》云：“自古为国兴财利者，鲜克全终，不然亦祸及其后。汉之桑宏羊，唐之韦坚、王鉷、杨慎矜、刘晏之徒，不可胜纪，皆不自免。本朝如李谘元〔无〕子，陈恕、林特子孙不免非命，岂剥下益上阴责最大乎？”泰此言殆为荆公而发。荆公子雱，助成父恶，早死，罹阴谴。荆公殁后，亦有人见其冥间受刑，宋人说部多载之。泰党于王氏，不肯直言其事，故借古剀今耳，然亦可见聚敛之为祸烈矣。

“古者丧服有负版，缀於领下垂放之，方尺有八寸，《服传》所谓‘负广出於适寸’者也。郑氏言：‘负，在背上，适，辟领也。’盖丧服之制，前有衰，后有负版，左右有辟领。此礼不见于世久矣，自秦汉以来，未之闻。翟内翰公巽尝言：‘《论语》“式负版”，非版籍之版，乃丧服之版，以“子见齐衰者必式”为证。’”右载叶梦得《石林燕语》，虽见典核生新，然究与《论语》“式负版者”上句“凶服”重复。

京师白云观在西便门外一里（凡京官差使，夜往圆明园者俱出西便门，虽闭可以呼启），元太极宫故墟，中塑邱真人像，白皙无须。都人於正月十九日，致酬祠下，谓之“燕九节”。按，真人，名处机，号长春子，登州栖霞人。余近读明人《都公谈纂》，载元世祖欲妻以公主，坚不可却，真人遂自阉以拒。其日乃十月九日，京师谓之阉九，为会甚盛。观其像白皙无须，则此说不为无据。朱竹垞诗：“世祖兴元日，真人独诏邱。片言能止杀，万里不虚游。羽蜕长春观，池枯太液流。谁裁《释老传》，乃与帝师俦。”是真人有功於生灵，其得祠也宜哉！惟十月十九日，今讹为正月十九日耳。

康熙中，赵黄门吉士（天羽）著《寄园寄所寄》一书，搜罗宏博，囊括古今。其别业名寄园，在今京师菜市西南教子胡同，尚存老屋数间，树木蓊翳，甚古。曾记查他山《九日游寄园》诗云：“萦成曲磴叠成冈，高着楼台短着墙。花气清如初过雨，树阴浓爱未经霜。熟游不受园丁拒，放眼从惊客路长。亦有东篱归不得，四年京洛共重阳。”嘉庆己卯岁，余馆韩家潭某氏，比邻有敦厚堂张姓者，其居云是李笠翁芥子园遗址，亭池土山，小具梗概。此以知前人名迹，零落于荒烟蔓草多矣。

京师藤花，植之绕架沿瓦，春暮花开，香气酷烈，夏日绿阴成幄，远胜凉棚，诚北方佳植也。其最古而大者，万善给孤寺东之吕家藤花，有元大德四年刻字。而海波寺街之古藤书屋，以朱竹垞旧居，故尤著名。竹垞有《移居海波寺街古藤书屋》诗云："诏许携家具，书难定客踪。谁怜春梦断，犹听隔城钟。"迄今二百年矣，其寿岂让松柏哉？

翰林院内有敬一亭。左则刘文安公井，公名定之，官学士。右则柯亭，柯潜既综院章，就词林后圃结清风亭。亭下凿池莳莲，决渠引泉，公退偃坐其中。又有柏二株，曰柯学士柏。世称柯亭、刘井以此。井之外为莲池，柯亭前为土山，西有土地祠，东后有瀛洲亭，对过为清闷堂，翰林办事之所。每科新进士四月二十八日朝考后，往瀛洲亭演习引见礼仪，背诵履历。既与馆选，满汉大教习二人莅任，则先率新庶常谒土地祠，神为昌黎韩文公。近世赵损之舍人诗集载公为天枢上相，接任者为吾杭吴云岩先生（鸿）云。既谒神，两大教习在大堂后穿堂升座，新庶常拜见，成师生礼，各出新书一本（不拘古文、四书），呈教习公案，朱标月日，为开馆之始，礼成而退。予於道光己丑成进士，获与斯典，恍若幼年入塾时也。至初秋，择日大课于庶常馆，大教习备饭（先满后汉），须费五十金。

由是每月分课题，在寓构作呈缴，至下科散馆前，再轮大课毕。

明崇祯间，流寇肆扰。四川石砫女土司秦良玉，独能勤王，深明大义。庄烈帝赐以诗云：“蜀锦征袍手制成，桃花马上请长缨。世间不少奇男子，谁肯沙场万里行？”今京师虎坊桥路西迤北四川营，即良玉屯兵之所。视左良玉之养寇，须眉愧巾帼多矣，宜帝之深有慨也。

由南横街进西砖胡同，往西，经悯忠寺大门，再西为云南会馆景忠祠，祠祀明御史赵公（撰）。公云南昆明人，天启丁卯举人，知贵州龙泉县，有异政，擢御史。甲申闯贼陷京师，骂贼死，甚烈，而未有阐潜发幽者。至乾隆四年七月，以御史傅为讫奏，赐谥忠愍，同乡立祠祀焉。为讫有楹联云：“烈并叠山，取义成仁酬故主；光增六诏，旌忠赐谥荷熙朝。”又有楹句云：“大节惟知酬故主；高风尤足激乡人。”予於丙午三月，曾往祠谒，想见正气之俨在天壤也。

赵公祠堂前厅，祀汉华佗。都人疾病求神方者萃焉，故景忠祠俗又称华佗庙。方甚著灵效，祈祷无虚日，匾对林立，俱不宏巨，然已无隙位置。内有一楹联云：“医国岂无人，竟纵奸雄成痼疾；摄生虽有术，须从因果觅灵丹。”尤有意味。

景忠祠前楹又有对云：“不负学，斯不负君，矢死靡他，万古纲常森砥柱；有是父，必有是子，相随就义，一门忠孝仰完人。”

国朝经筵，例在文华殿。今上登极，岁举经筵典礼。稽古崇经，历久不倦。道光癸卯二月初六日，经筵《四书》题“修己以敬”，《易经》题“圣人以顺动，则刑罚清而民服”。圣谕煌煌，直接千圣心传秘旨。时余承乏四川道，此次轮应四川道满汉监礼，获侍殿中，敬闻天语，诚为毕生至幸。窃见殿中匾云“缉熙明德”，对云“道脉相承，典籍昭垂千圣绪；心源若接，羹墙默契百王传”。

新进士覆试，例在保和殿。殿试朝考，例在太和殿。余己丑殿试，见殿中匾云“皇建有极”，对云“祖训昭垂，我后嗣子孙，尚克钦承有永；天心降鉴，惟万方臣庶，当思容保无疆”，是真万年一统规模气象。

京师贡院，除三年乡、会试外，每岁时有杂考，至二三百者，即扃院试。予屡与监试之役，见至公堂匾云“旁求俊乂”，对云“立政待英才，慎乃攸司，知人则哲；

与贤共天位，勖哉多士，观国之光”。其“至公堂”三大字，庄雅厚重，用笔绵密，真所谓如写小楷者，传为严分宜手笔（礼部署大堂后穿堂有“夙夜匪懈”四大字，相传亦分宜书）。又，明远楼亦有对云“夜半文光冲北斗，朝来爽气挹西山”，确切京师贡院，不可移易。

陶然亭构居外城南隅，汪姓所创，亦称汪亭。芦苇鸥鹭，一望渺然，秋景最宜，为都人登眺宴会之所。道光年间渐圮，荒凉萧瑟，无复游侣。至道光丙午年，僧募重修，改作前后两层，丹碧一新。其旁观音殿前柱有联云：“莲宇岧嵏，去天尺五临韦曲；芦塘森漫，在水中央认补陀。”切都城，切陶然亭境地，不可他用。又，亭上旧有句云：“窗前绿树分禅榻，城外青山到酒杯。”亦潇洒亲切。城外青山，指西山也。

都察院署大门内，左为湖广、陕西道署。正屋三楹，东为陕西，西为湖广，中为汉御史公所。凡新御史到任，与各道御史在此团拜，团拜已，其先此一人到署者，必备席请后至者，团拜之人皆与坐，旧制然也。各汉道题名碑，即嵌四壁（满御史题名碑，在京畿道署）。其柱联云：“法度是司，须先自本身做起；谟猷入告，总宜从大体思来。”为桐城张若潍手笔，可谓扼要之言。又有一联云："酬恩共凛心如水；尽职还期笔有霜。"为绣水汪继熿题。相传刘念台先生官总宪时，题御史台一联云："无欲常教心似水；有言自觉气如霜。"可谓知本矣。今其对不存，句法乃相似。

陶然亭左有文昌阁，阁外有楹联云："天下大文章，源从孝友；古今名将相，气应星辰。"为程春海侍郎（恩泽）笔，写文昌事实典制，最为该括精融，不落边际。

下斜街长椿寺，古刹也。藏有九莲菩萨画像，乃明万历慈圣孝定李太后，系大像。穿千佛袈裟，毗罗帽。上有圆光，手持如意。年约四五十岁，面如满月，具有佛相。画上边有"崇祯庚辰恭绘"六金字。左边下有"乾隆年蒋士铨、王显曾重裱"，右边有"查有圻（小山）重裱"字样，裱俱黄绫。裹首楷书"大明孝定李太后九莲菩萨真像"，下款"张乃辑书（山东人），丙午腊月十二日"。余偕戴云帆工部、俞松石仪部，往妙光阁赴倭艮峰廷尉尊人安葬公祭，回车之便，进寺向僧请出瞻礼，而详记之，俾后有所考。时住持僧名连辉，别号波舟，江西九江人，为周驾堂先生族孙，年已七十余，精神完固，不觉衰迈。据云天下名山佛地，生平行脚俱遍。言之历历，亦奇人也。又往殿上观永乐所造铜宝塔一座，安置殿中。两壁挂画罗汉十六幅，笔墨极纯静精雅，各有佛名号及题句。惜不著画人姓名，真名笔也。又有桐城张学士（若霭）楹联楷书云：“自在在心，一心观自在；如来来眼，千眼见如来。”绰有禅味。其余四壁字画、对句皆佳，不能尽记。又据僧言，寺旧有孝纯刘太后像（崇祯帝母），系宫装大像，乾隆年间取入大内。

谢文节公祠（枋得），在门楼胡同，与悯忠寺后门相近，为江西人所建。道光戊申秋，江右京官添盖屋宇戏台，为觞咏之所，名江右乡祠。乙巳之秋，余曾与江友数人诣祠瞻仰，有彭邦畴作，陈延恩书楹联云：“小女子岂不若哉，赴萧寺招魂，新公祠宇；大丈夫当如是也，与文山比节，壮我江乡。”又有姚文田书联云：“行遁矢孤忠，奔走荒山，遗迹犹传建阳市；捐躯明大义，凄凉古寺，伤心同忆孝娥碑。”

甲辰三月十三日，偕钱冬士农部游崇效寺。寺故以牡丹著名，时花尚未放。西来阁前，有玉楼春三朵先开，徘徊赏玩久之。阁下旧有王渔洋、朱竹垞两先生手植丁香一株，老干虬盘，尚有残蕊。江右吴兰雪（嵩梁）刺史，曾於树下添植海棠已萎。寺僧开阁旁门进观，另有轩，楹右壁上嵌翁大兴（方纲）石刻楷书，叙渔洋种丁香事，后附兰雪附《种海棠跋》。计至今阅岁已深，兰雪亦官殁滇南久矣。有人题诗云："西来阁下丁香树，二老（王渔洋、朱竹垞）风流过百年。说与诗人更惆怅，海棠花落夜郎天（指兰雪殁滇）。"文情绵邈，惜未著姓氏。其左壁上嵌唐王仲堪墓志铭石刻，系楷书。又旁壁嵌徐星伯（松）跋语，述王仲堪墓志："先为翁编修（树培）所得，秘藏榻下，时露光怪，有红袍纱帽者示见，因不敢秘，出以示人，星伯为置崇效寺壁上。"云云。今谛观志铭，完善无剥蚀，洵可宝也。又，寺有《红杏青松》卷子，士大夫游者多得赏鉴，卓海帆中堂有诗笺粘壁，言曾题跋于卷后。因询寺僧，托言方丈和尚携带进城，不得一见。

道光壬寅五月三十日，东阁大学士蒲城王文恪公（鼎）薨，相位悬缺久不补。至甲辰腊月十六日，卓华阳（秉恬）大拜（位体仁阁大学士，时潘芝轩武英，穆鹤舫文华，宝兴文渊阁，俱大学士，满汉四相），而潍县陈伟堂先生由工尚调吏尚，进协揆。盖虚俟至两载半，前所未有。

宣武门外炸子桥，杨忠愍公故宅在焉。后人就作祠宇奉公，有僧住持，俗名松筠庵。前殿奉公塑像居中，两旁兼祀当时在难匡救抚恤诸人，书姓氏官爵于主，约二十余人。后殿奉公及张夫人，暨两公子应尾、应箕。故宅作祠，夫妇父子一堂，庙食千秋，忠义节孝之报远矣。自道光四年始，科道公捐香灯银每人一两二钱，每岁于八月十六日前往公祭，僧备素席。余每值是日必往叩，记其楹对数联。前殿檐句云："燕市宅依然，两疏共传公有胆；钤山堂在否，十年不出彼何心。"前殿中句云："生死亦分明，顾臣节何堪，仅见此心於未行之两疏；忠奸不并立，知贼谋必败，胡难假手於在国之九年。"又，后殿有联云："视囹圄如居室之安，此日堂楹思广大；以鼎烹为从善之乐，一时肝胆忆瑰奇。"又有云："碎衣折节奇男子；浩气丹心古丈夫。"又有云："褫〔褫〕奸魄於生时，常山舌，平原爪，睢阳齿牙，壮哉复见椒山之胆；吊明贤之遗址，汤阴宅，燕馆楼，圣湖墓寝，岿然犹存驾部之堂。"又有云："经云杀身以成仁，奕奕丹心，早褫〔褫〕权奸之魄；公曰浩气还太虚，巍巍庙貌，常留忠烈之魂。"后殿又有云："两疏敢弹奸，侃侃危言，先生信是有胆；一章乞代死，哀哀苦语，夫人克称其名。"庵中陈设及对联，平日僧俱收藏，至八月十六日始俱设用，固皆焕然如新。其对句非是日不能录写也。又殿旁构屋，颇整齐修饰。僧每赁客寓收租钱，价颇昂。其旁有佛殿，门联云："莲梵慰忠魂，吊古尽容酾酒客；檀那留净域，安禅长望写经僧。"亦佳。又有董香光大行书《赤壁赋》墨迹横幅，张於客座。又，公生日系五月十七日，并附识於此。

都察院库中有巨蟒，相传时或夜出，出必应休咎。太常寺仙蝶，称为老道，有缘则见，然至今无闻。太常寺予偶一至，都察院署则出入多年，从无言见者。岂亦如人之成仙者，神气久驻，阅岁通灵，过久渐销铄澌灭耶？近闻人言，仙蝶今移止天坛，缺两后足者即是。

嘉庆戊寅春正月，予在山东武城下河厅署，未刻，正与友谈，忽大风骤起，天地晦冥。揭帘外视，尘土黑气，上薄霄汉，中漏红影，一似室宇被焚，烟火弥漫者然。盖日光内涵所致也，半夜始息。次日，闻乡民家有家具、六畜吹置田野者，有人行道路吹往他方者。推原其故，土人云系海风使然。是年三月，予进都，寓南横街全浙新馆。甫息肩之次日，亦于下午复睹狂风陡发，如在武城时。其时家皆然烛，上下骇异，以为咎征。亦中夜复旧。余次日谒山阳汪文端师，入朝甫回，深为忧念，以为天道远人道迩也。钦天监亦有所奏，至烦宸谕。然其后亦无他异。按方勺《泊宅编》载陆轸云："天禧元年四月五日申时，京师黑风自北至，天地陡晦，市人咫尺不相见。顷之，大雨作，天复明。父老云，往年疾疫起，得黑风而人民安。"然则风暗古亦有之，亦不尽为灾也。

余己丑同年狄广轩侍御（听），江苏溧阳人。其尊人（尚絅）官江右南康府知府。广轩官比部郎中，转御史，曾出典贵州乡试。今己亥秋七月以疾卒於官。遗一幼子，甫两龄，其继配王恭人所生也。广轩殁逾月，幼子又殇，恭人痛夫子并逝，部署丧礼，立族子豫为嗣，即於九月二十五日夜寅时，自缢於粉坊琉璃街寓内寝。并有遗嘱，规画家事井然。又将未嫁女奁资养赡悉备，寄托同年家。遗嘱末又一行云："我是归家去，人休作烈看。"年四十四岁，可谓从容就义矣。噫！烈性一往，杀身成仁，虽古节烈何以加焉？余阅历数十年，仅闻此一人一事，於颓俗波靡之日，不胜慨叹，谁谓天理民彝有一日息哉？溧阳狄氏多贤，以文学科甲世其家，恭人又为江阴王太守（苏）之女，涵濡薰育，宜其有此淑媛，为三党重也。九月二十八日闻恭人讣，因泚笔记之。时汪幼清世兄（报原）以吏科给事中巡视北城，为请旌於朝，交礼部议准行。

己亥八月，步军统领衙门奏，吏部郎中谟尔根之仆王福，讦告其主在署值宿，持刀与钱券，强逼成奸。伊乘间咬其舌尖，出首并呈刀与钱券为证。奉旨革职。王福经刑部讯问充徒，谟尔根旋以去舌尖不救死。后闻此仆实从之已久，一旦以讹诈需索未遂，遂生狡计，险恶至此。使其死在问徒先，则此仆应绞监候。秋审入情实矣，然皆其主自取。比顽童之祸多端，此又其一。人舍正理胡行，何在非陷阱哉。

甲辰三月十二日，会试第二场，有甘肃举子杨大文，年五十二岁，已录经文次艺，忽遇冤魂缠扰，自经于厕。搜其箧，有自书一纸，言曾害人命，并有诗句云："婆婆爱我是真情，争奈堂上有老亲。"云云。其同乡言此人途中，已有影响。迨考，租小寓，中夜有人屡呼杨大文名。本人不知，他人皆闻。乡人劝其不可再进二场，不听，遂及于祸。迨冤债难逃也。

甲辰春，河间府故城县某令，忽有女魂附身。言令前身即为此县令，女为孀妇，被人诬名节事。令不为剖雪，致含冤死，今来索命。云系乾隆五十年事。因查旧案，果有某知县断某孀妇事，姓名、案情皆符。女为厉不止，令诉于城隍神，神传二人质询，为调停。令该令翻旧案，请旌贞节并作佛事超度。均不允，只要偿命。神言此亦不能由你，须查令祖功宗德如何。命查果厚，因斥不许。鬼言既不能偿命，亦不容其作官，再有贻害。遂改教以去。使无城隍神为之主持，此令亦殆矣哉。同时，河间府府属又有一县令妻，妒其妾，已逐出署外。复俟令出差后，唤妾入，毒殴毙。妾魂为厉索命，事遂上闻，妻拿送狱治罪。夫妾已逐出，可以已矣，必欲其死，是诚何心？宜其并得直於幽明也。

同年李芸渠太守（熙龄），乙巳岁服阕来京，迁云南澄江府。需次时，作蒙恩复职诗，言前为吏科给事中，稽查银库，预有梦兆，果以此被累。今录其口占四诗如左。其序云："道光二十三年癸卯春，从陕右榆郡解任，奔父丧回籍。甫一月，接部文行查，知户部银库亏至九百二十五万之多。凡有盘查、稽查、管理之责者，皆被议革留，罚赔银两。予曾备员吏科，稽查六月，议革，罚赔银七千九百六十两。以寒畯之士，出守沙漠之乡，宦橐萧条，复膺重累，冤莫可言，幸限内设法缴清。凡稽查者皆降革有差，予独开复知府原职，格外天恩，梦想不到，不可不纪。"诗曰："自惭葑菲列黄门，意外风波意外恩。赂册无名膺异数（上剖析玉石，密查受贿赂者，另注一册，未受者，概邀异数），帝心不使谏臣冤。曾忆轮差奉命时，恰符梦兆宝光诗（库差引见，先一夕梦考试作诗，醒记二句云，惟教元气足，常使宝光存。及旨下，果获银库差）。讵知岁久伤元气，历任专司责莫辞。囊橐可怜空又空，沿门托钵走西东。幸蒙优典逾常格，群道吾皇秉至公。初奉纶音半自疑，人皆黜抑我偏私。扪心岂有真奇绩，滥得虚名四海知。”按，道光癸卯岁银库一案，可谓巨案，凡官之大小存亡受累罚赔者，不可悉数。以其在乾隆年间即已侵盗，历岁久，阅人多也。芸渠梦作“惟教元气足”二句，即隐指银库亏蚀而言，岂有神灵为之示兆乎？然库弊知者不少，非因以为利，即不敢首发大难之端，以至一决不可收拾。国家之元气以伤，罚赔仅数十万，不及十分之一，以至屡开事例，捐输指捐，名目叠出，经费终不能宽裕。殆亦有数存乎其间耶！

宋方勺《泊宅编》云：“今之巧宦，有以货取者，皆谓之钻。班固云‘商鞅挟三术以钻孝公’。”云云。按，“钻”之一字，其名相沿至今不改，其技亦愈神妙不测，大都以货以势以逢迎以转托。术至诡秘，尚有幽隐不能尽知者。又有令其妻夤缘大僚闺阁者，为内线，盖非是不能得美差，捷升迁也。予在京数十年，所见巧宦未有不由此者。其或因钻而转得祸，亦间有之，然不以为前车覆辙当鉴也。

椿树三条胡同中间路北，北城吏目署东间壁有一宅，颇新敞，小有假山台榭。先时王爱堂阁学（广荫）居数年，并无怪异。道光乙巳岁迁去，屋主为西顺兴银号，索租价银二十两（时价值制钱四十千）。人俱嫌昂，闭一年余。丙午夏，吾杭魏条三农部，服阕进都，入居是屋，则已有狐仙在焉，粘贴字条在内室门，令魏让居。其始也，不露形声，惟时取衣被掷外；既而言其命宫不宜居此宅。告以寒素，移徙乏资，则取其箱箧银封掷于外曰："此非尔银耶？可作迁资。"又告以无房屋，则曰："李铁拐街斜街及铁门俱有空屋，惟铁门屋颇小，不敷用。而李铁拐斜街可就，其屋价遣魏仆吕升去说，可少数千。"魏愿让出数间与居，不愿迁徙。狐不肯，且因魏气忿，又写字条劝曰："君子不气（本'器'字，狐改写'气'字）。"有人笑之曰："仙人也写别字。"语甫毕，忽掷一鞋飞击是人。其余各事交接，动写字条示意。魏不得已，果迁居李铁拐斜街，其价吕升去说，果少数千云。屋主因有此患，减赁价每月至大钱十四千文。随有一工部友看定，尚未移进，嗣闻魏事即止，终无人敢居也。又其自署姓名曰"吴建国"。不占内寝居止，亦颇有礼法（好以瓜果与魏小儿女食，故童稚不畏也）。

前工科给事中陈颂南（庆镛），於道光丙午六月告假回闽。濒行前数日，示余《题听雨楼图》七古诗，内有紫雨事。询之，言嘉庆丁卯，年甫十三岁。五月初六日，天忽降紫雨，专注其家，自午至未两时许，仅中庭十三檐之宽有此雨，前后左右邻家无有涓滴。其味甚甘，贮以斗瓮，人咸以为瑞。以颂南小名文紫，又初应童子试也。嗣有病祷观音大士者，辄令求紫雨水，饮之即愈。至今其家尚有此水存焉，可谓异矣。今录其诗如左。《题李寄云（恩庆）仿王叔明〈听雨楼图〉》诗云："寄云笈里万邱壑，手具毚赭洒挥霍。小楼一夜写春雨，直捣仙心问黄鹤。黄鹤此卷归延陵（黄鹤山樵《听雨楼图》，近归吴荷屋中丞家），坊间传者乃赝托。取视画本亦貌似，以指喻指成铸错。笔墨之外生云烟，虎贲中郎付一噱。四山环列树树重，数椽老屋架略彴。明窗绮槛亦轩敞，一老箕座耳垂䐑。侧听蕉点喧空阶，静数淅沥和寒柝。晓起万木空濛濛，西山一卷荡珠箔。远瞰前江春水深，孤舲鼓楫风未泊。一客荷蓑一叩舷，欸乃声送入楼阁。橹声雨声嘈嘈杂，逸情云上薄寥霩。风雨驰骤来楮间，别开生面气盘礴。脱却臼窠青出蓝，重见黄鹤真面拓。忆我入塾初诵诗，庭来紫雨错疑愕（嘉庆十二年五月初六日，自午至未后，予家忽降紫雨，正当中溜，共十三檐，其味甚甘）。干属疆圉枝单阏，天雷雨淋甘澍作。五月六日濡霡霂，其色淡紫鉴可嚼。数自唐甓及曲阿，十有三溜当中约。建瓴直泻洒庭中，紫者螺旋白者散。分明界作两行流，清以贯浊瞭脉络。是何病者光陆离，屋上蜗涎凤味嚼。钩梯摩挲空复空，但见神霖檐下落。家人擎以承露槃，味若醴若瀾若汋。贮之斗瓮滋神奇，惊绝仓公动扁鹊。金茎琼液入奇胲，于毛训疗韩训瘵（近有求药於观音大士，大士命取此水饮之，病辄愈）。太羹元酒味外味，壶中尚或存一勺（其水今尚有存）。当时日者占圛霁，坼龟食墨瑞兆燋。请向灵台察云物，得无矞采散璎珞。霞浆露湛相交加，得无金薤景内爚。不然泉插紫帽山，紫云常盖绕城郭。得无日窟通榑桑，岩气盘郁光所薄。晋水澄波生紫澜，其中时见紫鳞跃（泉城名鲤城）。得无石乳穿天脐，天上金斗为挹酌。蜃楼海市作是观，奇奥一辟乾坤凿。回看满庭光琳琅，虚室生辉照黝垩。斯雨原是五色雨，六鳌戴抃动海若。请君试从檐际听，如奏仙乐张广莫。我亦思作画图披，黄鹤羽化风扫箨。云林倪迂仙踪希，十伐绘林何从索。空负天公霖雨心，对此斋居抱愧怍。愿乞大笔一挥洒，挂之素壁耀栌欂。

"'去去复去去，凄恻门前路。行行重行行，辗转犹含情。含情一回首，见我窗前柳。柳北是高楼，珠帘半上钩。昨为楼上女，帘下调鹦鹉。今为墙外人，红泪沾罗巾。墙外与楼上，相去无十丈。云何咫尺间，如隔千重山。悲哉两决绝，从此终天别。别鹤空徘徊，谁念鸣声哀。徘徊日欲晚，决意投身返。手裂湘裙裾，泣寄藁砧书。可怜帛一尺，字字血痕赤。一字一酸吟，旧爱牵人心。君如收覆水，妾罪甘鞭棰。不然死君前，终胜生弃捐。死亦无别语，愿葬君家土。傥化断肠花，犹得生君家。’右见《永乐大典》，题曰《李芳树刺血诗》。不著朝代，亦不详芳树始末，不知为所自作如窦元妻诗，为时人代作如焦仲卿妻诗也。世无传本，予校勘《四库》偶见之，爱其缠绵悱恻，无一毫怨怒之意，殆可泣鬼神。令馆吏录出一纸……沉湮数百年，终见於世，岂非贞魂怨魄，精贯三光，有不可磨灭者乎？陆耳山副宪曰：‘此诗次韩蕲王孙女诗前，彼在宋末，则芳树必宋人。’以例推之，想当然也。”右见纪文达公《阅微草堂笔记》卷十上，《槐西杂志》卷二。予每读之酸恻欲泪，此真至情至文，断非他人代拟所能到，格调音节亦超前绝后，并无二作。而因以叹彼昏不知，中於谗忌之口，致贞女仳离也。特备录之，以广其传，以为伦纪劝。夫伉俪之道难言，淑媛类无良匹，贤士绝少好逑，甚有躬犯七出，而迫於时势之积重难返，无可如何！终身受其毒害者，是又不得援此诗为口实矣。

“裘文达公赐第在宣武门内石虎胡同，文达之前为右翼宗学，宗学之前为吴额驸府，吴额驸之前为前明大学士周延儒第。阅年既久，又窈窅闳深，故不免时有变怪也。厅事西小屋两楹，曰好春轩，为文达燕见宾客地。北壁一门，又横通小屋两楹，僮仆夜宿其中，睡后多为魅异出，不知是鬼是狐，故无敢下榻其中者。”此亦《阅微草堂笔记》卷十所载。道光甲午以后，先师吴退旃（椿）大司农居之，多吉祥善事，人口平安。其好春轩榜已不存，而两楹具在。予尝谒师并觞酌於是，毫无怪异之迹。其轩外轩旁，小屋颇不少，以无人居，类多旷废，非有所畏也。乙巳岁先师考终正寝，今夏眷属回南，俱无后言。然则宅之吉凶，亦其时之偶值，非必怪变久而不迁也。

宣武门内东城根北隅，建西洋天主堂，前明首善书院故址也，东林诸儒曾讲学於此。今道光年间，尽遣西洋人回国，其住屋亦概拆卸，以中国人解悉天文，无所事彼也。惟天主堂正衙结构及其上观星台，岿然独存。

雍、乾之际，六部规制严。凡有故不能入署者，必遣人告掌印。掌印移牒司务，司务每日汇呈堂，谓之出付。不能无故不至也。今则宽甚，每日惟掌印、正主稿、司员必至，其余散走之员可旷不进署，无人稽查。设有私事及患病，告假十日二十日，始具呈。同司掌印诸人持以回堂，堂官标明月日存案，满日堂参销假，初不经由司务，此亦今昔积渐使然乎？

嘉庆甲戌，余初计偕至都，四五月辄干热无雨，立伏后即清风洒然，毫无暑气。嘉庆丁丑留京过夏，九月即已下雪，冬气严寒之甚。乃嗣后渐觉寒减热增，迄道光丙午三十余年中，不但伏暑炎蒸，即秋热亦盛，冬则常暖，与南方气候无异。或以为地气自南而北使然，及阅《阅微草堂笔记》有云“人为三才之中，人之聚处则天地气通，通则弗郁。塞外苦寒之地，耕种牧养，渐成墟落，则地气渐温”，因悟京师万国朝宗，加以深仁厚泽，休养生息，户口日饶，四方来者亦日众，近岁京官寓宅至不易得，僦直亦愈昂，宜乎地气之益温也。

“对表双鬟报子初，起来强半使人扶。梳头洗脸翻貂挂，戴帽安翎理数珠。流水似车龙似马，主人如虎仆如狐。昂藏直入军机处，低问中堂到也无？”此京师相传《咏军机章京夜入直庐》诗也，形容亦得其大概。

东城隆福寺、西城护国寺，大刹也，每月俱有庙会，百货坌集。余寓汪文端师宅，在兴化寺街，与护国寺胡同东西邻巷耳，每庙会常往游观，而未知护国寺间壁小巷尚有庙在也。岁戊戌秋日，与户部同司友自园进城，汤海秋（鹏）言及，因同往游。其庙系元相托克托故宅，舍作梵宇。佛殿犹有托相夫妇两小像，站立佛前，屋材阅数百年已旧矣。其旁屋乃有姚广孝塑像，年约三十余，端坐，旁有侍者捧盂拂侍立，面如满月，无须，气宇开爽，既未见有菩萨慈悲，亦未见有英雄神武也。“萧梁事业今何在？北固青青眼倦看。”此少师诗也，今少师事业又安在耶？

魏条三农部既迁李铁拐斜街，其屋甚高燥，结构亦端整。不及月余，亦有狐仙自署名吴子佑，占居一过路衖堂，不容人行，俱令径由厅屋进出，且与其家西席为难。魏祷言，西席寒士，来赴北闱。则答言，渠有老亲，得进场与否尚未可知。其西席闻之，急欲回籍省亲，复又祷问。则答言可以入闱，并将其金顶糊以白纸，曰“吾为尔颂祷，来岁作状元也”。又能作诗，尝写一“左右修竹”题试帖一首示人。魏欲再移居让之，仙止以不必，今尚居焉。

嘉庆丁丑会试，首题“为政以德”。先师陶文毅公（澍）时为吏科给事中，派内帘监试。三场分同考官卷已毕，无事，偶诣一房间谈。见试卷满案，随意取一卷翻阅，谓房考何不试荐，亦不负其来意。而房考不甚惬意，强而后可。及荐至总裁姚秋农先生，大喜曰：“乃今始有会元矣。”即庞大奎也。文毅若不往谈，不嘱房荐，则此卷终见遗矣。岂非科第有命，冥冥中若有相之者耶。

道光丙午夏，传闻江南忽有拍花邪术，遇幼孩则向头脑一拍，自然随行，目瞪口噤。闻取孩脑及眼睛、心肝等物合药，被害者不可胜数。潜伺其人拿获，则变为纸剪物。迄不知真邪教所在，蔓延各省，乃六月间京师已遍，多有拿获其人，送交刑部者。七月初五日，奉旨："胡和升、孙大、孙王氏、孙氏均着交刑部严行审办，其幼孩六名著一并送交刑部质讯。钦此。"巡视东城御史拿获奏交刑部者，甚有言大人亦有为邪教所魇，或吃烟，或招手，即自随去，衣物俱为剥取。此亦古今未有奇事。总之，世教不明，利心日炽，故邪教亦日新，可叹也！

同年俞松石（树风），因言闻先师曹文正公（振镛）垂髫时，随侍京师，宅在米市胡同。偶一日在门口嬉戏，忽一人拍其头脑，即见两边皆成大河，后又有猛虎咆哮追噬，口不能言，不觉急步前行。时家人俱未之见也。公见虎追愈紧，终被吞噬，不如入水避之，因急跃入河中，则非河而已在人家门内矣。是家亦其戚好，因送还宅。盖邪术遮眼之法，欺哄幼孩耳。

道光乙巳四月十二日，余奉派翻绎会试内场监试，是日即进贡院。十三日头场点名，仅二十五人。十四日正考日，早放士子粥后，有弹压左翼副都统盛（贵）之、章京札拉杭阿，随同放粥完，回其所居龙腮房内，忽用厨刀自刎。并无与争闹启衅之人，亦非夜间有鬼魅索命之事，遽尔轻生，殊难理测。然在贡院，每有此等事，此以见冷屋幽房久多邪气，宜慎防也。

道光初元辛巳岁，余馆冢宰诸城刘文恭公（镮之）家，课其次子华海。公常至书室闲话，一日语余："今上召见，询及汪（廷珍）、刘（凤诰）、阮（元）三人学问孰优。逊谢不敏未能知，惟所学原原本本，殚见洽闻，似汪为最。上为首肯。"时文端师为宗伯，金门先生则在浙江学政任，由侍郎改编修，芸台师为两广总督，皆现任也。既而公又语余曰："刘、阮学问均不可及，惟刘虚骄，阮好名耳。"盖公与汪、刘、阮三公皆己酉同年，故能知之如此。

刘文恭公居东四牌楼南驴市胡同，壬午年捐馆舍，其殁之前一夕，有大星由东流耀向西坠，都人皆见之。

故事，会试总裁，向於大学士、尚书、侍郎内派四人，从无至五人者。惟道光九年己丑科会试，曹文正公以大学士，玉文恭公（麟）以尚书，朱文定公（士彦）、李芝龄先生（宗昉）以侍郎，而吴退旃先生以光禄寺卿，并命主试，实旷典也。而玉文恭公先於嘉庆壬戌为会试总裁，朱、李、吴三公皆壬戌翰林，实出门下。己丑之役，以三同年与会试座师同时衡文，亦盛事也。

道光丙午岁六月二十九日，内阁奉上谕："王植奏耆绅重赴鹿鸣一折，致仕大学士阮元品端学醇，勋勤懋著，年逾八秩，重遇鹿鸣，洵属熙朝盛事，着加恩晋加太傅衔，准其重赴鹿鸣筵宴，并在籍支食全俸，用示朕笃眷耆臣至意。钦此。"按，原奏有"一代经师""三朝耆旧"等语，非公不足以当之。时公年八十三岁也，距将来己酉重宴琼林，止三年耳。计公自二十六岁通籍后，大考一等第一，连膺山左浙江学政、己未会试总裁，学问声名震天下。嗣即历任封疆，仅于浙江巡抚任遭刘金门侍郎以学政权戊辰乡试监临滋事一案被吏议，余皆所至吉祥，勋名烂焉，如总督两广、云贵，尤为岩疆坐镇，始终裕如。其癸巳年，由云督进京述职，复膺会试总裁之命，尤为异数罕有。盖其鸿才硕学，深契圣心如此。迨大拜以后，在纶扉数年，即乞致仕，怡养林泉，今又十余年。生平著作等身，尤邃经学，以封疆重臣而兼通儒才士之长，经济学问公一身备之，求之昔贤，亦所仅见者矣。予尝观道光元年至今廿六年间，有数盛事，芸台师其一也。此外杨时斋宫保（遇春）以提督改任陕甘总督，而海梁中丞任河南巡抚

（国祯），父子同时封疆，连圻而治者数年，又一盛事也。吴县潘芝轩（世恩）师，以乾隆癸丑鼎元入词林，历任文衡，早跻卿贰，中间告假家居，名山养望，十年复起，遭逢今上，入军机，不由协办，即正端揆，为太平宰相十余年，渥膺主眷。今丙午岁，亲见次子曾莹主试滇南，次年丁未又会试总裁。以乔梓而迭主文柄，觉唐人"文章旧价留鸾掖，桃李新阴在鲤庭"，犹为不及，康强福寿，正未有艾，又一盛事也。滨州杜石樵（堮）师，两督顺天、浙江学政，年七十，以礼部侍郎致仕。而芝农司空（受田），由癸未会元任编修，督学山右，旋为尚书房师傅，不数年致位大司空，总裁甲辰、丁未会试。两孙（翰、翻）俱成进士，留馆，而云巢复连分校庚子会试，膺京察一等，进阶侍读学士，骎骎日起。盖三代四人，俱由进士翰林起家，迭主学政乡、会试之任，而且聚首一堂，天伦乐事，今无与比。盖由吾师高才绝德，庞鸿浑厚，翔步亨衢，不知世间有机械变诈事，而司空孝行臻至，色养蒸蒸，故登其堂者，但觉诗书孝友之气，蔼然迎人，毫无富贵权势之态，此可为京都士大夫家法。吾师今寿八十四岁，颐养天和，自怡著作，其百岁不卜可知，此又一盛事也。

芸台师在浙江学政时，有处州青田人端木国瑚，为公所赏识，即公《定香亭笔记》首载作《定香亭赋》者也。登嘉庆戊午科贤书，公车十余上，不获隽，作湖州府校官有年。嗣以龙泉峪万年吉地，为人荐看风水，授内阁中书，留京复与南宫试。道光十三年癸巳岁，值芸台师为总裁，遂成进士，仍出公门下，盖三十余年矣。嘉庆癸酉科，汪文端师主浙江试，湖州徐桧堂（学洙）已定元矣，以三场不到见遗，四书艺三篇，俱刻魁墨中。嗣文端师即授浙江学政，举徐优行贡成均，公亦任满还朝。戊寅主顺天乡试，徐中第六名，仍出公门下。是虽皆功名迟早有命，而师生沆瀣一气，文之针芥相合，信各视其学问所至，不可诬也，不能强也。闻端木君故后，湖州人士高其学行，留葬苕霅之间，亦一奇云。

乡、会试第三场，策以经史时务为重，间及文房四宝，稍避熟耳，无甚着意也，而亦不尽然。昔金元遗山（好问）《论诗》绝句云："奇外无奇更出奇，一波才动万波随。只知诗到苏黄尽，沧海横流却是谁？"又云："苏门果有忠臣在，肯放坡诗百态新。"若于苏、黄二公有微词，而不欲人之钻研之者。嘉庆壬戌科会试，总裁纪文达公尝以策士，四千人莫有对者。最后于揭晓前一日，阅朱文定公（士彦）策云："南宋末，江湖一派，万口同声，遗山故为是惩羹吹齑之论。又因南北分疆，未免成见，故其题《中州集》后云：'若将华实从诗辨，未便吴侬得锦袍。'

又云：‘北人不拾江西唾，未要曾郎借齿牙。’其意可见，而未可为定论也。”公喜其洞见症结，遂入彀。然则策问中有不见着意处者，安知主司不深有意观人之学识而可忽略哉？

丙午七月十八日，钱冬士农部来寓谈及晤绍兴士人在京秋试者，言其家信所述，不仅拍花邪术如众所传，有异物每於半夜入人家，摄取男女长幼，杳不知其所之。其小女与老媪同睡，忽夜间声响，群起察看，女已堕地，媪亦昏迷。故绍兴人家，俱数人聚处，外又伏人伺拿。间有扑到异物，皆成纸人、纸马，无从穷究。又，六月初一，初三、四等日，连下黄雪，及檐而化。秦望山天下火云，将树木焚尽，江水为沸。此皆非常变异，可入《五行志》。先是越人谢芳斋侍御（荣埭）以拍花邪术上达天听，奉旨饬浙抚梁楚香中丞（宝常）查拿，严讯起自何人，意欲何为。而梁公复奏言，起於萧山瞿、韩二姓幼孩同时猝死，以致群疑，有传单及扭拿等事。及讯所拿人犯，俱无实迹，亦更无受害之家。询瞿、韩二家，供言并无怪证，不愿检验。于是，以事皆子虚，浙民每好喧传新闻不足信云。究未知其真伪有无也。

刘清田（基）《感春》诗云：“人生多忧患，死去百患消。但恨不便得，无由脱靰鞿。”以青田之智识，而犹作此语，其后卒为胡惟庸药死，则知忧患之难防，世途之可畏也。然彼叹行路难，此歌行不得。人有戒心，何如各释机诈，真诚相喻，共履坦途，而顾不能总由名利诱之，炎凉驱之，智巧使之。此人心所以日趋于险薄，天理丧而人欲横。国家治日常少而乱日常多，亦由此故也。悲夫！

“建宁静安堡农家女李氏，许氏〔字〕于邓，邓病瘵死，李私归，视邓殓葬毕，遂弗女，自称寡妇、老邓氏。朱仕琇曰：‘夫死不再醮，礼也。第以大欲易流，而重之不学，则天下多违礼之妇矣。今夫李女未归，未庙见，此於邓氏，其为夫尚疑也。其生农家，未闻诗书之说也。一去女自寡，老以节昭，斯孟轲所云不学之能欤，遂以弃疑行礼也。盖其所性贞，故能制大欲之流；其见者大，故不避私归之小嫌；其志定，故不以有疑焉者而籍其口。兼是三善者以成其节，岂偶然哉？予伤妇礼之几亡也，寡妇或夺丧再醮，以嘉渎凶。今李女于疑于夫者昭节，予故传之，所以坚成妇者之所守，且俾其节不没于后焉。”此《梅崖文集》所载《李节女传》也。因思余掌四川道时，有书吏钟霖者，丙午四月下旬殁。先定於十三日续娶，其时，钟已病重，不能行合卺礼，而其妻躬视汤药，自割股肉煎汤疗之，卒不能救。有老姑及幼子甫十二岁，此妇守节抚养，其年不过二十余。乃刑部书吏之女，与钟并无一日之亲爱也，而贞操苦节如此，其割股尤难之难。人鲜知之者，故记之以浇俗劝。

道光己亥七月初，都人相传太白昼见。予病短视，不能及高远，于初九日询僚友，言亲睹其星在西北方，视常星较大，颇有光芒。虽不知起自何时，而众目喧传，迄今已十有七日矣，其占未知何属。昔汉匡衡有言："天人之际，精祲有以相荡，善恶有以相推，事作乎下者象动乎上。"然则神奸巨慝，诡谋肆恶於幽隐，自谓事甚秘密，天已悬象告人矣。谁谓天道远，人道迩哉？计数十年来，余见星变有三：一为嘉庆辛未秋八月，时在湖州安吉县署，夜见彗星长而巨，倒行向西北，光芒闪铄，四注如帚，气勿勿然，垂象最久。考其度数，见於析木之次，犯紫薇垣者数夕，继乃移于天河以没，又有众小星入紫微垣，果主癸酉秋林清、李文成等之乱。一为嘉庆己卯，寓都中韩家潭，夜亦见星在北方，较小，光亦不远，次年河南有水灾。一为嘉庆庚辰八月，人传日中有星，正午始见，是为太白经天。盖先於七月二十五日，仁庙在热河上宾，正国有大丧云。天象显著，可畏如此！

户部十四司以江南司为首，盖沿明制。其实大司称山、陕、云、福，以山东司兼管各省鹾务，陕西司兼管甘肃、新疆并京官俸银米，云南司兼管漕运、仓储，福建司兼管直隶及各陵事务。江南只为中司。予初补江南司员外，到任，见司堂关闭不启，司员办事俱在旁屋，询之，言崇祯末甲申年闯贼破京时，倪公（元璐）殉难，缢於此堂，其神灵犹在，故不敢坐云。按，倪公字玉汝，谥文正，时为户部尚书（《烈皇小识》云“户部尚书倪元璐从容自缢”）。有《拜司农命作七律》云：“生平未肯蹈儒迂，拜命持筹暂拮据。兵后廪庾真若扫，乱余畎亩类成墟。鞭长那得驱流马，泽竭何从得巨鱼？惟有矢心图报主，关中事业竟何如。”

顺城门内外大街，相传关系都察院风水，故土必垫高。其实相去颇远，想是从龙脉审知，其详不可得闻，然衙署运有吉凶实有之。余壬寅七月补河南道，是年各道内或有不由京察，不由密保，平空外放多人，余或转科，或内升，一年内几於全易新任，圣眷甚优。及次年癸卯库案破露，圣眷顿衰。迄今丙午三年，外放寥寥，因事获咎者甚夥。惟是乙巳至丙午，科运甚佳，科臣放道者六七人，较胜於道。由是观之，吉凶迥殊，当有风水主之，良不诬也。

河南道署在都察院署外之南，刑部衙门之北，路西小胡同内，有大堂，有办事公所，有土地庙及科房，吏役亦多，规制颇备。步香南同年（际桐）云：“赵文华官河南道时最阔，署亦赵始建。”其余十四道俱在都察院署内，罗列两旁，犹部中各司署。惟京畿道署较宽。各道房屋狭隘，甚或两道合居一屋。屋中器具，每为吏役窃卖，将就苟且，不能如河南道署也。盖前明以河南道为首，其掌印御史，与吏部尚书、左都御史、考功郎中、吏部都给事中，主三年大计天下吏，事权甚重。杨忠烈公（涟）与王葱岳（洽）书云：“时事日非矣，不旬日而部院一空，且简贱谩骂，直如奴隶。吏科及吏部河南道但有风骨者，逐赶殆尽，老年丈见邸报当有忧心如焚者。然此事固中旨传奉（此指魏忠贤），而教猱使鬼，实南乐为政（此指魏相）。”云云。此可见明季河南道之重。至本朝另首京畿道，而河南道遂次其后。然京师各衙门用银，年终必报河南道刷卷，其满汉掌印御史必台长保举方用，京察必居一等，常年亦可径放外任，视他道犹重也。

道光丙申科会试，总裁发策纰缪欠核，众论哗然。经副都御史潘云阁（锡恩）参奏，三月二十二日奉旨：“前据潘锡恩奏考试策题错误，当降旨着礼部查明具奏。兹据该部查明，本年会试策题第一问内，郑康成说诗‘景员维河’，河之为何本释文一条，系属错误。朕详阅本年进呈策题，此外尚有舛错之处。该考官等引据未能精当，实属粗心。潘世恩、王鼎、吴杰、王植均着交部议处。钦此。”盖总裁主考诸大臣，平日劳心於机务、部务之繁，考据势有不暇。而各部院考差人员，每於考差前数月，或半年，相与作诗会，求工试帖，习写折楷，从无议及策题者；及得差，临时挦扯攒凑，焉得无舛错？

崇祯初年，各省粮艘入夏始兑粮。阻冻闸河，直待来春，始得交纳京仓。较之祖制十二月兑粮，二月开帮，五六月赴京交纳，七八月回空，何啻天渊！故姚文毅（希孟）于经筵进讲及之云：“或不妨将漕米改折一年，以通其穷。”亦作商量语耳。盖明代经筵，讲章之末必附时论一段，犹奏疏中条陈，非必欲一一见之施行也。后烈皇尝举姚说询群臣，而俞煌对以行不得云。按，今时漕务极疲，而苦累者无过於苏、松、嘉、湖。粮额本重，而州县之浮收又重。浮收重，由於旗丁帮费重、帮费多。由於沿途及到北坝之费用广，需索帮费，故开迟。夹带货多，及运河水浅，船行笨滞，则又迟。往往主忧勤於上，臣焦劳於下，以空重之来往迟速，为终年一大事，靡有宁晷。否则，入夏兑粮，来春交仓之弊不免矣。於以叹圣人在上，持纲饬纽，率作兴事，以为畿辅臣民福者，诚非叔季所可及也。

前门关帝庙，香火极盛，求签亦无虚日。圣驾每祭天坛回銮，必经关庙，进内拈香。盖帝之神灵至我朝愈显，我朝之尊崇亦愈至。尝读《烈皇小识》云：“上每於岁底，或召仙，或召将，叩以来岁事，无弗应者。至己卯岁终，符召不至。良久，玉帝下临，乩批云：‘天将皆已降生人间，无可应召者。’上再拜叩问：‘天将降生，意欲何为？尚有未降生者否？’乩批云：‘惟汉寿亭侯受明深恩，不肯下降，余无在者。’批毕寂然，再叩不应矣。”此知关帝威灵为历代护国正神，宜其祠宇遍于华夷，久而愈著也。

江右汪巽泉尚书（守和）在京，遇除夕，家人送进画一轴，云有人求售，索价京钱二十千。公视画不甚佳，还之。家人又言此系某人逼于岁除求售，似是公所素识者。公即命付价如数，且令家人语售者云此画价本不止此数，因伊索只此，故如数付。盖公恐其人受此浮价心不安也。是其存心仁厚，以君子之心待人，过於世俗常情远矣。又公言，子弟求其中举人、进士者易，求其谨守保家、立品做人、保全元气而承先裕后者难。时以为名言。余於嘉庆甲戌初次会试，荐卷房师则安化陶文毅公（澍）也。公为江南道御史，尔时风气，房考但呈荐而不加批语，俟总裁批定中否均补加批。予卷为周莲塘先生所摈，蒙文毅公加批，奖勉交至，实深知己之感。迨己卯、庚辰会试，则章程一变，房考必先加批语，然后呈荐。迄未知孰是也。偶读竹坞遗民文秉《烈皇小识》，述其先文肃公（震孟）崇祯甲戌会试同考，首题“其行己也恭”四句，本房新昌漆园篇末痛言不恭、不敬之害，文肃毅然取之，呈卷乌程相（温体仁），即批允。比撤棘，乌程於阁中扬言曰：“外人说我们要进场收几个门生，我们今日地位也靠不着门生了，况场中即有人骂我。”嘉善相钱士升曰：“场屋中如何骂得？”乌程曰：“他篇末竟说不恭之臣如何，不敬之臣如何，岂不是骂？”嘉善曰：“老先生如何打发他？”乌程曰：“本房批‘伸眉抗手，想见其人’，敢不中？敢不中？”观此则知本房荐批由来久矣。

丙午九月初三日，偕冬士游陶然亭。亭於今夏为广东顺德县龙（元僖）、卢（恩普）诸公六七人重修，轮奂一新。惟改为洞房曲室，规制狭隘，迥非江亭（亭始于康熙年间，湖北江藻号鱼依工部郎中建）轩豁宏敞之旧，惟壁嵌江藻诗及江皋《陶然记》二石刻尚在。庭中秋色颇佳，茗饮静坐良久而出。记蔡（锦泉）亭中对句云：“客醉共陶然，四面凉风吹酒醒；人生行乐耳，百年几日得身闲？”又旧对重刊云：“爽气抱城来，拄笏看山宜此地；绿阴生昼静，凭栏觅句几闲人。”又往左侧文昌阁，观阁中一联云："敬爱本初生，知上天早崇孝悌；伦常能久饬，问几人不列科名。"门外一联云："翊辅紫垣，光连七斗；主持文运，彩耀六匡。"归路经窑台，即查初白诸公作《黑窑厂登高》诗地。是地最高，遥瞩大内宫殿，层层可数。门扃，久叩不应，夕阳西坠，废然而返。

道光己亥岁，英夷占据定海，至丙午六月，夷酋忌秘力，缴完定海城池，续将夷兵撤还，驾驶回国，舟山一带一律肃清。见浙抚梁（宝常）奏报。时京师盛传英吉利为大印度国所攻，故该夷亟回本国。其事由该夷船炮之精，制法得之印度所授，印度见该夷得利於中国，欲其厚贿而不得，遂相攻伐。事隔重洋，未审传言果真否也。

丙午九月初八日，秋试揭晓之期，早辰微雨清润，旋即午霁。冬士来，偕松石游崇效寺。牡丹仅存枯叶，芃芃如秋娘老去，非复国色天香，倾动一时。丁香亦寂寞西来阁下。少憩而出，由彰义门大街折而北，至善果寺，地名白纸坊，即古之唐安寺也。进径颇曲远，庙址阔大，规模宏敞整齐。其佛殿五层，最末层殿左墀下有榆树一枝，植於铁磬内，僧云是第二代杲月和尚手种，高挺荣茂，亦一异迹。惟此庙四壁名人字画及对联甚少。有明人数碑，文字俱未佳，可想其僧徒朴实。与僧茶话，遍历殿宇而回。

其头殿两庑，塑五百应真像，彩色已剥落。入后傍院有树奇古，孤干直上千寻，旁无枝柯，惟树顶有绿叶丛丛，如龙门之桐，高百尺而无枝。冬士作纪游诗，有“群灵趋殿陛，孤树拂云天”，盖谓此。

京畿道堂上，有前掌京畿道御史归安沈（琨）书对句云：“持论动关天下计；立朝须见古人风。”可谓宏深肃括。

京都士大夫向来尖靴、方靴并御，惟翰林则穿方靴较多。自道光二十年来，方靴渐少。近辰、巳、午三年，几几绝迹。岂非嫌方靴笨，尖靴便利欤？即一物用，亦可见人心之不古也。凉纬帽向俱用杭纬，余已丑年释褐尚用此，至壬辰年进京散馆，则改用细麻丝染朱者，甚轻，而杭纬嫌重，遂废。然麻丝轻凉实佳，此又变古之适於用者。

杨忠烈公（涟）答山西李巡盐书云：“今天下事坏在纱帽气，不坏在头巾气。假使天下士大夫，不论官大官小，官浅官深，常带些秀才意思，迂阔古板，终是儒者行径。人人日把经书《论》《孟》，收拾身心，天下何必不三代。而无奈功名富贵之徒，反於礼乐弦诵之事为仇也，则天下之所以治日少而乱日多也。”於虖！公此言岂独明季有然哉？

公又寄友云：“一入都中，便劳苦无一刻之闲，却又无一些事做。看长安光景，都是如此混账。可叹！不肖原意出山，图得九月先人可改一封。不知受过二次封者，须题一本。又思才方到京，上本求封，似於义未安，怏怏而止。未遂出山初心，徒奔走拜客赴席，弄得睡也无一好觉，饭也无一顿好吃，却悔上京好淡矣。”公此书说京宦习气，真千古一辙。余曾见一书（忘其名）有云：“人生太闲则别念窃生，太忙则性真不见。士君子不可不抱虚生之忧，亦不可不知有生之乐。山谷与洪氏甥书，尺壁〔璧〕之阴，以三分之，一以治公事，一以读书，一以为棋酒，则公私皆办。为京官者，宜味此语。”云云。此语洵可法也。

丙午冬在京师，曾借人《杨忠烈公文集》阅，有寄阮圆海书云：“不肖老掌科，未得交也，得读最初入告大疏，朝夕额手，为朝廷庆，直欲五体投地，为正人谢，不在喜其同己也。炎洲兄过应山，弟谓古称一人定国，圆海有焉。邪正治乱，只在初机一转耳。老掌科无谓弟言漫也。当彼人之入也，实有所挟以来，同乡、干子，在帝左右，而传来衣钵之党羽，内外交联。前三大事谓可指顾定耳。惟有袖中弹文，奸邪愤而敛焉中阻。招呼之人既占风半散，而密谋之人亦蹑足而不敢动。已而，干子窜而一钱无，又飞报长安也（此数语有讹）。则直臣一片血诚，天人效顺耳。于今世界，已属造化手拨转。我辈无白马之祸，而一应护持元气，厚集正人，杜防邪谋。老掌科自有斗酌秤停，何容更赞一词。惟是假归一字，则万不可脱於口。即烟霞心切，而报国方初，亦须成此一桩大事。即高堂在念，而花甲初周之亲，正望子报君之日。老掌科力以立身行道，致君显名。而今日五彩之舞，万年之觞，于孝孰大？老掌科当不罪弟未交面而深语也。”观公之推挹如此，岂料其初终易辙哉。甚矣！小人之难识，而君子之易欺也。

御试对策，如董江都《天人三策》，尚矣。嗣如唐刘蕡〔蕡〕、宋文文山对策，字数、款式，疑古无定制。独今时殿试对策，浸成板样。姑以时派言之，殿试卷总共八开，每开十二行，每行廿四字。除双单抬头不算，平写计廿二字。第八开末，剩空白八行。写字处，总共七开零四行（计八十八行）。策冒“臣闻”至“伏读”止，十四行。策尾“若此者”至“谨对”止，十行。中对策四道，每道十六行，字数适均。即稍有长短赢缩，合四道总不逾六十四行之数。每行平写不算抬头，计廿二字。每开计二百六十四字，七开计一千八百四十八字。后四行至“谨对”，计七十七字（“谨对”至末，尚空白十一字。如“宸严，不胜战栗陨越之至。臣谨对”下，俱空白）。两共一千九百廿五字，除双单抬字不算，此即全卷之字数也。应试者每有字多不及写之患，疑董、刘、文三公，未必在殿廷对也。余近观宋魏泰《东轩笔录》，载夏郑公（竦）举制科，对策廷下，有老宦官前揖曰："吾阅人多矣，视贤良他日必贵，乞一诗以志今日之事。"因以吴绫手巾展於前。郑公乘兴题曰："帘内衮衣明黼黻，殿前旌旆杂龙蛇。纵横落笔三千字，独对丹墀日未斜。"是年制策高等。观此则较今之对策字数更增。而云"日未斜"，信乎才力之大小敏钝，古今人不相及也。吴处厚《青箱杂记》载，竦对策罢，方出殿门，遇杨微之，见其年少，与语曰："老夫惟喜吟咏，愿丐贤良一篇，以卜他日之志。"公援笔云云。杨公叹服数四，曰："真将相器也。"其诗惟"帘内"为"殿上"，"黼黻"为"日月"，"殿前旌旆杂"为"砚中旌影动"，"落笔"为"礼乐"，微有不同。

道光二十六年丙午十一月，户部谨奏："为比较岁漕数目，据实奏闻，仰祈圣鉴事。臣等窃维京师根本重地，仓廒收贮，理宜存积充盈。核计东南岁漕定额，四百六十余万石。内除例给帮丁耗米，约计仓收备放平斛实粮，应在四百万石以外。每年支放各款，计应开除平斛三百三四十万石。以收抵放，本属有盈无绌。近年以来，漕粮起运抵通，岁短百万及数十万不等。节经臣部奏请，甲米内积票，本折兼支，补领俸甲各米，全支折色，春秋俸米，量减一成，均蒙俞允，奉旨遵行。无如臣部酌议节省之数，终不敌各该省短绌之数。上年恭遇覃恩，豁免二十年以前递缓漕粮，已有四百数十万之多。经臣部查明近届岁运情形，於当年十月内奏奉谕旨：‘嗣后岁漕开兑，总期足额运京，毋得任听州县捏报灾荒，辄形短绌，所有二十一年以后民欠未完尚有二百三十余万石，著各该督抚率属督催，务当遵照分年定限带征，不准再有延缓等因。钦此。’钦遵行文各该省遵照办理在案。各该省接奉谕旨，自应实力督催，照额起运，乃今年到通漕粮不但不能稍有加增，转较上年又短二十余万石，较之全漕，短至一百万石。内苏松、江安两粮道所属，共短九十万石。核计苏松起运，尚不敷额征十分之六，江安起运数，尚不敷额征十分之五，带征各数更属寥寥。各该省缓征展缓，奏准在先，开兑以后，始将起运数目咨报。臣部无由预先核计，于支放款内议减议折，若使此后缓征愈多，起运愈少，年复一年，伊于胡底！谨将道光十七年起至道光二十六年各该年起运漕粮数目缮写清单，恭呈御览，请旨饬下有漕各省督抚，自今年为始，于所属各州县漕粮一经征齐，即将该省额征若干、起运若干、缓缺若干逐一比较上三年数目，据实奏明，一面结具清册报部查核。倘比较上三年均属有减无增，即令该督抚将所短粮数如何设法于当年补足起运，不致有误京仓放款。即奏明请旨遵办。如所属州县偶遇偏灾，该督抚各宜亲往履勘，确查分数，核实具奏，毋庸滥委劣员，扶同影射。倘州县捏报灾荒，或所报分数不符，即行严参惩办，毋得任听州县开报，率请缓征展缓，并饬下漕运总督一体遵照，细心筹画。总期实力稽查，湔除积习，庶几漕粮渐可按照定额征收，而放款无虞支绌。臣等为筹补仓储，整顿漕政起见，是否有当？谨奏。”按，此近年漕运缺乏之实数实情也。犹忆二三十年前，漕艘押运通判以押运为美差，公务平安早归，从无咨怨。不意数十年来，漕务弊病百出，漕粮日亏。大江以南州县视办漕为畏途，总由旗丁私用应酬规费，三者日增，需索愈重，而州县百姓受其困累，至借捏灾报荒，缓征展缓，以避粮艘需索多费，而短缺漕米之患遂中於国家。於虖！此弊年重一年，恐致瓦解土崩，安得巨手挽救之哉？

又同上。户部片奏：“再臣等前因京仓积贮未充，拟筹拨银三十万两，提存天津道库，援照本年收买商米之案（此是第一次买商米，向来所无），奏请饬令两江总督、江苏巡抚，率属劝谕各商采买粳米，仍由海道运抵天津，官为收买等因，奉旨依议行文遵照在案。现在有无商人呈请领运，未据奏报。应请旨饬下各该督抚，查照臣部前奏，剀切晓谕，俾该商等咸知此次海运均系官为收买，市侩无从觊觎，并不假手书吏，致滋需索。其给发价值，自应核计成本，俾有盈余，获沾利益。此中有运米较多之商，一俟收买完竣，即行知各该督抚，就近查明，奏恳恩施，量予奖叙。如商情果形踊跃，来米丰旺，臣部仍可於原拨三十万两之外另筹款项，多为收买。再查道光六年《海运章程》，准其八成载米，二成载货，由海关查明，免税放行。此次商运，事同一律，应请仿照办理，以示体恤而广招徕。理合附片具奏，旋奉上谕照行。此十一月二十五日事，而天津已奏到商米，至三十日奉上谕：'天津现到海船商米著派柏葰、陈孚恩前往该处，督同地方官即刻照数收买，俾免守候，并著加谨收贮，一俟春融，即行妥为运通。钦此。'自此次收买之后，次年丁未，江苏商运纷纷北来。闻南方米价，不无腾长，然天庾充盈，有备无患矣。"

丙午十一月廿八日，奉上谕："黄恩彤奏，年老应试武生三场完竣请赐职衔一折，所奏甚属冒昧。国家设科取士，原属文武并重。惟每届乡、会榜后，查明年老诸生，赏给副榜及司业、检讨等职衔，则专为文场而设，与武场专较年力者不同。黄恩彤既知向无赏给年老武生职衔之例，乃必欲饰词陈请，是只知见好沽名，受人朦蔽，甘置旧章於弗顾。倘各该督抚相率为伪，竞尚虚文，於政事有何裨益？所奏断难准行。黄恩彤违例妄请，大失朕望，着交部严加议处，以为市恩邀誉者戒。钦此。”又十二月初二日上谕：“昨因黄恩彤违例妄请赏给年老武生职衔，饰词渎奏，市恩邀誉，当降旨交部严加议处，并谕兵部查明定例。据奏称，武生年逾六十，停其咨送。乾隆九年、十八年，经该部先后议覆蒋溥、多伦条奏，严定章程，六十以上者不准入场等语。兹据吏部照妄行条奏例，从严议以降三级调用。武生符成按，现年六十四岁，本不应取考。黄恩彤滥准入场，已属违例。且身为大吏，只知见好於人，擅开例制，代乞恩施，尤为谬妄。黄恩彤即行革职，交耆英差遣委用。所有该武生符成按，六十以后违例送考之学政、巡抚著该部查取职名，严加议处。钦此。”按，武场老生不得与文生并赏职衔，其理甚明，黄抚之请，自来未有。故恭录上谕，以为后戒。

每岁腊月，朝鲜使臣到京，朝贺新正。至次年二月初三日回国。使臣纱帽、红袍、玉带，亦有蓝袍及圆样貂帽者。其人物清秀，衣冠古雅，多善书能诗，洵海外文物之邦。其随从人等咸带高丽参及纸，售於中国，而参斤行销最巨。前门东城根即高丽馆所在，左近依以卖参者鳞次栉比，不下五六十家。予於嘉庆甲戌进京，未见有一家也。盖参销既广，其人视为利源，类多种参，其来不竭。且有与中国商人易绸缎以去，其国俗富厚可知也。丙午岁，越南国遣使朝贡，正月二十六日颁赏。余往监礼，见其使亦纱帽、玉带、红袍，然被服单寒，制作朴陋，貌亦不扬，有小邦贫薄气象。今丁未岁，琉球国遣使朝贡，正月二十八日在午门颁赏。余见其正副使皆黄僧冠，身被缎服似袍，而腰间又围缀绣花缎一道，并无大褂，足蹑方缎靴。后跪随人亦有十余辈，冠服制大抵相同，惟皆用黑布著鞋，亦不免绌陋寒俭气。以视朝鲜，犹邾、莒之於邹、鲁矣，况天朝上国乎？

唐陆宣公之事德宗，相业奏疏，竭忠尽诚，人无间言，可谓纯臣。乃宋赵德麟《侯鲭录》言："公忌才太甚，如诬于公异家行不修，赐《孝经》一卷，公异坎坷而死。忠州之贬，不无天谴。"南宋曲端，长于将略，为张魏公忌死，古今声冤，至比于秦会〔桧〕之杀岳武穆。而明闽中陈衎著《槎上老舌》，称曲端杀叔以行令，车新刖姊以取名，为残忍生于利欲。可见人之难免于疵议也。然于公异之才，无所表见，未必能胜宣公。公之忌否不可知，而曲端虽严于军令，乃竟忍杀其叔，不思保全之计，则恭州置狱，不可谓非天谴也。二事甚隐，予故表而出之。

孙朝宗，一名可望，流贼张献忠养子也。《东明闻见录》载："可望常慨然曰：'我辈汗马二十年，破坏天下，张、李究无寸土，而清享渔人之利，甚无谓也。我当仍归明朝，力挈天下而还之，一雪此耻。’遂率众入云南。会沐国公为洞蛮所劫，即提兵平蛮，与沐结姻归朝廷，因封景国公（此永历前封）。”此贼可谓有自知之明，然其言不雠，其志不副，虽天命有归，亦终见盗贼之无成也。旋叛明降清，封义王，后随出猎被射死。

道光丁未正月初五日，奉旨：“兵部尚书何汝霖奏，伊母丁氏，现年九十岁，迎养在京，五世同堂，亲见七代，据实奏闻一折。何汝霖之母丁氏，年届九旬，五世同堂，亲见七代，承恩禄养，洵为盛世嘉祥。览奏之余，朕心实深欣悦。加恩特赐伊母御书匾额一方，福、寿字各一方，如意一柄，大卷红绸四匹，大卷八丝缎四匹，以示恩渥。其例应赏赉之處〔处〕，仍著原籍各督抚循例具题。钦此。”未几，又有旨：敕内外臣工二品以上，父母年届八十、九十者，具奏，咸赐御书、绸缎等物。一时推恩锡类，旷典罕逢，欢腾中外。於是，陈伟堂协揆太夫人、杜芝农大司空父石樵先生、陈子隺仓场太夫人，咸被赐寿盛典，称觞祝嘏以志庆。盖皇上登极以来，孝事圣母，色养备至，二十七年中，邸抄太后宫请安者几无虚日，偶有小疴，至中夜前往问视。盖与虞、舜、周文，其揆一也，故能体恤臣下孝子尊亲之心如此。岂非孝治天下，千载一时之胜哉！

京师一二品大员，例得乘四人舆。舆夫多山东人，人分两班，又有头夫总辖之，共有九名。每息轿处，即骈集聚赌，上亦不甚禁，以临行可一呼而集，免致四散追寻也，于是遂多赌案。世传纪晓岚先生戏品评四语云："舆前二名，第一为扬眉吐气，第二为不敢放屁。舆后二名，次在第三者为昏天黑地，第四者为全无主意。"可谓神情曲肖。近又戏改曰，军机扬眉吐气，部院不敢放屁，翰林院昏天黑地，其全无主意者则六部堂官，以其于公事不甚明了，全凭司官主见也。故俗传有云："堂官不如司官，司官不如书办。"如此书吏，安得不舞文弄法哉？

世传京师古树，如太学桧、慈仁寺松、吏部藤花、卧佛寺娑罗树、万寿寺及昌运宫白松、封（一作风氏）氏园松、吕家藤，皆数百年旧物。外城南旧刹又有龙爪槐，僧言三百年物，前辈诗集中不多见。予於嘉庆己卯、庚辰间往游，见爪槐攫拿瘦立，新屋七八间耳。近二十余年来，寺僧盖建日增。前起轩楼，俯临旷野，与陶然亭遥遥相对。室宇雅洁，书画满壁。京僚燕集，多赁此地。后则曲院连楹，槐用木四面架之，绿叶红栏，阴森可爱。庙门颜曰"龙树寺"，遂为宴游胜地。同时为觞客之所者，有官菜园南口外观音院，饶水木之胜，平地幽旷；盆儿胡同南首三教寺，院宇宽野，暨陶然亭皆士大夫习游者。

近有相传数语云：“法网密得如此之疏，赃官贪得如此之廉，京官穷得如此之阔。”盖律法太密，处分过重，一有所犯，办理则株连受累难堪，故竟以不问省事，所以疏也。官虽贪，其如民贫财尽不能填其欲壑，故少得而止，所以廉也。京官俸微禄薄，费用难减，每借外官入觐，京官外放，致送别敬银两为补苴。必须饯席丰腆，有联数人作东道主者，所以阔也，阔即豪奢意。此颇确切今日人情。

近日京都饮食最有时名者，户部门口之烧羊肉，肉市同庆楼之烧鸭，米市胡同便宜坊之童子鸡，东华门外理藩院下处之藏野鸡、鳇鱼火锅，打磨厂涌金楼及北柳巷长发号之陈绍，前门大街都一处之高粱药烧，梯子胡同之元宵，西四牌楼金兰斋之细点，皆擅一时之胜。帽则推后门内之伟仪号，其价甚昂。靴则称武备院，其实内外城市肆亦各有时名。样忽时忽古，底忽厚忽薄，由铺家变易，消长盛衰。近年银价日昂，靴价亦日长矣。绸缎首推吾杭，货高价贵，向久盛行。十余年来，为小客商以低货卖贱价，人竞趋之，而高货不售，遂多闭歇。近止一家，江宁缎行、苏州绣货，亦俱似此，渐形凋谢。向来绸缎客行富饶，亦俱优伶宴会，相尚豪侈，今则无复往时之盛。此亦见京师人家匮乏，服用俭约。就余所历，数十年间顿易，可以觇世变也。

京都戏班，嘉庆年最盛，道光年较衰，然总推四大名班。四喜纯唱昆曲，故品题为清真雅正；春台为花团锦簇；三庆为牛鬼蛇神；和春为尘羹土饭。此向来旧评也。予於嘉庆甲戌进京，时四喜极盛，堂会、戏园，无不崇尚；和春则惟戏园唱演，亦可竟废。廿余年来，四喜日形冷落，人物亦鲜杰出，看座疏落如晨星；和春亦渐湮。惟春台、三庆盛行如昔，人多召其小伶侑酒，而翰林为最。寒士一登馆选，类多溺此，以文采风流自命，不复知缠头之艰难。于是有负债累重，望试差补偿不得，急迫自缢者；有在优寓饮酒，为官人所拿，送刑部审革，甚至仰烦上谕斥无品学加罪者。以一时之小快负十载之寒窗，殊为不值，后来其戒之哉！

丙午五月十四日，李芝龄宗伯出殡。巳初，偕俞松石仪部，往崇文门南火神庙路祭毕，即出东便门，过大通桥，送殡往海慧寺权厝。事竣，又偕松石及郭棣园比部，往东岳庙瞻仰，并观赵松雪书《道教碑》尚俱完好，笔画亦细劲圆湛。余所藏《道教碑》帖，较肥不类。闻住持道纪司马姓云，琉璃厂帖店翻刻木板，不来摹拓，故碑得不剥泐云，知余藏帖是木板矣。庙中古碑林立，古树参天，殿宇巍峨，正殿供器简严肃穆，其余殿院甚繁，不及遍览，饮茶而出，进齐化门回寓。

功令周密，则簿书日繁，凡有职司者皆然，而六部总天下之成为尤甚。文书稿案，书吏科房不能藏，俱以贮库，积如邱山，杂乱无纪，尽为蠹食鼠巢。夏间大雨时行，屋宇穿漏，则淋漓霉烂。当事莫肯过问，书吏先择其近时要案可以舞弊者私藏。猝有旧案需查，往往竭数日人力，遍倾库藏不可得。且霉烂破损益多，亦无从检阅，废然而止。而书吏及司官之不肖者，遂得行其私。予在户部目击之，因忆苏子瞻《始皇论》云："昔者始有书契，以科斗为文，而其后始有规矩摹画之迹，盖今所谓大小篆者。至秦而更以隶，其后日以变革，贵乎速成，而从其易。又创为纸，以易简策。是以天下薄书符檄，繁多委压，而吏（此吏指官）不能究，奸人有以措其手足。如使今世而尚用古之篆书简策，则虽欲繁多，其势无由。由此观之，则凡所以便利天下者，是开诈伪之端也。嗟夫！秦既不可及矣，苟后之君子欲治天下，而惟便利之求，则是引民而日趋于诈也。悲夫！"按，秦本以吏为师，故改篆为隶，文案繁冗，胥便于吏。道光丙申九月，山东道御史陶士霖奏，六部衙门，政事总汇，一切题奏咨移〔移咨〕，应办事件，有例文未备者，率以旧案为凭，而旧案纷繁，不无歧异。因无派管专员，遂至尽付书吏收贮。书吏日以舞文为事，平日预将稿件盘熟，标记私存，为高下其手地步。闻吏、兵二部书吏，往往在外招摇，借案朦混，动云铨选处分等旧样甚多，即本管司员不能深悉。遇一可以彼此之件，得贿托者则援引一案，为之弥缝；未受贿托者则另援一案，为之挑剔。承办司员以有旧样可凭，率行照办，堕其术中而不知。他如户、刑等部，关乎银谷之支销、罪名之出入，被书吏抄卖文卷、漏泄案情者，尤不知凡几。应请旨饬下各部堂官，于每司内拣派办事明干满汉司官各一员，掌收该司档案，以专责成。并令逐细清查，不得因案卷浩繁，畏难退阻。查清后，编记号簿，于一股分为何事何类，再于一类分为何年何月，则遇应查之件按号可得。至档案内，有事同而办理各殊者，应归画一，令各司员留心查核，遇有两歧之案，随时呈堂折衷，以定去存。其应去者，逐案撤销，永杜歧混。所存各案，设法严贮，遇事查考，由该管司员检发验收。如此，则书吏无从插手，所有改窜字迹、偷卖案由与高下其手各弊，不禁自除矣。嗣交议，竟格不行，而文案遂长付书吏之手矣。

余在琉璃厂书肆买旧书，内夹一纸书词云：“万事催华发，论龚生竟夭，高名难没。吾病难将医药治，耿耿胸中热血。待洒向、西风残月。剖却心肝今置地，问华佗解我肠千结。追往恨，倍凄咽。　故人慷慨多奇节，为当年、沉吟不断，草间偷活。艾炙眉头瓜喷鼻，今日须难决绝。早患苦、重来千叠。脱屣妻孥非易事，竟一钱不值何须说。人世事，几圆缺。”[1]此吴梅村先生（伟业）临终所作。夫梅村人品心术与钱牧斋（谦益）、龚芝麓（鼎孳）异矣，然大节所系，名教难逃，良心难昧，故临终自怨自艾如此。一登《贰臣传》，千古不能湔洗，惜哉！

书内又夹一纸云：“李恂，山东进士，为浙江令。一夕，请吕祖降笔，问明日有何事。其觇词曰：‘日光未出满天红，震地灾临百室空。莫怪南阳人脱难，阴功全在铁炉中。’次早东街大火，延烧百余户，中有许家独完。恂思东街，震地，南阳，许姓也，传许问有何铁炉，能积阴功。许对曰，每墓祭烧纸，盛铁炉内，不在地上。春秋恐昆虫烧死，冬月恐蛰虫炕死。行之甫十年，不谓神见佑也。恂叹奖之。后邑人烧纸，皆知用铁炉、瓦盆，无复有燃火在地，致伤昆虫、草木者。”观此知好生之德，随地可行，在仁人之用心耳。

---

① 《梅村集》卷二十《贺新郎·病中有感》，“论龚生竟夭”为“论龚生、天年竟夭”，“几圆缺”为“几完缺”。

道光乙巳九月十四日，偕吴朴斋（华淳）、俞松石、钱冬士，作补重阳之会。饭后先到陶然亭，将冬士备酒菜留存。旋往龙泉寺，与僧茶话。次往盆儿胡同三教寺。内有文昌帝君居中，诸葛武侯、文文山像居左右，旁列侍者四。殿门外列白马、马夫，云皆铜铸，是明万历年乾清宫总管内珰所造。只一白马，铜有三千余斤，当时物力、珰势如此之盛。寺旧名玉皇庙。最后有帝释天宫，奉祀玉皇。阁下有松树一枝，进土处一本，一二尺之上忽分歧枝，髯爪攫拿四出，亦古树也。出庙复往陶然亭饮酒联句，至晚始散。

皇上每岁仲春谒陵，季春回銮，驻跸南海子，打围三日，进宫。通计不过十日，而长芦盐政屡次进野鸡及黄花鱼及猪羊及板鸭四次，直隶提督进果品、山鸡，直隶总督进饽饽、果品。而两江总督进银锞、缎匹以备赏南苑苑丞、苑副，各项协领、防御章京、骁骑校、马甲等费尤巨。道光丁未二月二十八日，圣驾恭谒东陵。二十九日奉旨："行在銮仪使玉明、联顺，著赏穿黄马褂。嗣后，行在銮仪使永以为例。钦此。"余时任四川道，稽查銮仪卫事务，该卫每月来注销科抄，咨行事件，故见之。

丁未三月初五日，内阁奉上谕：“李星沅（云贵总督）奏遵旨确查原办回务情形一折，览奏均悉。此次歼捡云州回匪，多系永昌前案逸出之犯，是该匪等反覆滋扰，显系上届办理回务之告病道员罗天池，未能详慎区分，率行掩捕，以致众回寒心，有所借口，实属贻误大局。前任云南迤西道告病回籍之罗天池，著即革职，永不叙用，以为轻发妄躁者戒。贺长龄于罗天池搜杀过多，托疾以去，并不从严参劾，止请撤销议叙。又率准张富等投诚，代请免罪。种种谬妄，实为办理不善，著一并革职。钦此。”先是二月间，豫抚鄂顺安奏藩司贺长龄旧疾复发，请开缺回籍已准，相距半月，复被罢职。祸莫大于嗜杀，军旅中最易玉石不分，草菅人命，况以有心出之乎？败国事而戮无辜，终有果报，罗道之仅予革职，亦幸矣。

圣驾每年冬十一月进宫，谓之大搬家。次年正月初旬，即往圆明园。公卿大臣俱于外西华门内辟路接送。至春季谒陵回园，则于红桥南接驾，皆蟒袍补服，余曾三与斯役。方驾之未至也，当差文武员役、行李，夫马络绎不绝，但闻马蹄声、传筹之声，迨驾将至。正月则设仪仗，队伍齐整，先来。平日则无仪仗，必有人带未御御马先行，次则豹尾枪十人为前驱，然后驾临。御前大臣侍卫数十百人，拥护疾驰。圣心常喜乘马，瞻仰光天化日之下，真所谓天威不违颜咫尺也。群臣道旁俯伏，首王公，次中堂、尚书及大小九卿，依宪纲挨跪。每邀宸盼垂顾，瞬息已过，于是，舆马纷然四散。至平日寻常还宫、下园，则无接送。

道光二十七年丁未二月，闽浙总督刘韵珂奏："道光二十六年十二月，据驻福英吉利国领事若逊申称，本月二十六日，准厦门领事移咨，英国甲讷米、阿弥格商船二号，在泉州洋面被盗攻击，并杀死两船水手三十余名。指疑盗匪系广东渔船等情，随檄饬兴泉永道确查禀复。据该道恒昌等禀称，道光二十六年十二月二十二日，风闻晋江县属之深沪洋面，有夷船被劫，正在密饬查拿间，即据驻厦英夷领事列敦照会，本月二十日傍晚，有喀勒棱、阿米喀二桅货船两只，停泊深沪洋面。戌刻，有澳门大捕渔船两只，每只乘坐四十余人，驶近货船，分头攻击。喀勒棱船主旃白冷，同伙长、水手人等共十六名，均跳落小杉板舵船逃避，因船小沉溺，当被盗匪殴毙，尚有一人带伤落水。阿米喀船主默佛冷，同水手人等约共十五名，亦被盗杀无踪。求为查拿等情由，该道等当即禀请水师提臣窦振彪，派委员弁，督同兵役，星夜出洋，查无盗船踪迹。惟二十三日，驶到语屿洋面，查获喀勒棱夷船一只。存船水手，雇人管驾。该领事目睹该道等选派员役，分投查拿，极称感谢。至喀勒棱即甲讷米，阿米喀即阿弥格，因土音不同，以致翻译互异等情。又据该道等，以当日喀勒棱等二船，寄泊深沪洋面，查有看古艇船二只，同泊一处。迨夷船被劫后，该二船即行开驶。并闻此项船只，多系广东香山县民人所制，水手素称强悍，向在闽粤等省载送客货。喀勒棱等船只是否即系看古艇船行劫，应俟获犯后讯明究办。并称阿米喀船业经驻厦英商丝步送回香港，喀勒棱船亦已驶回等情，臣查此次行劫情形，既据该道等查明夷船被劫之时，有广东之看古艇船同泊一处，而英夷领事列敦照会内，又指明澳门渔船所劫，是当时同泊之看古艇船，难保非即劫杀夷商之盗艘。除飞速咨行闽省水师，合力搜捕，并飞咨钦差大臣暨江南、浙江各督抚臣，一体严饬舟师堵缉。”云云。按，英夷素畏粤人之强悍，粤人亦素藐英夷，知其情伪，故敢劫杀商船如此，亦未可知。将来能拒英夷者必粤人，非闽浙江南之柔脆可比也。

京师九门亦有监，不独刑部也，惟监禁并无重囚。御史有查刑部监、门监之责，十五道按资先后轮查，周而复始。满汉二人，共查一月，上半月满查，下半月汉查。余於道光乙巳轮查门监，至安定门，止旗人良太一犯，已七十余岁。询系奉天主教，定案时以何日改教，何日疏枷，而彼卒不肯改，在门监枷禁二十余年，异教之锢蔽人心如此。刑部南所四监，又有汤房，犯罪较轻者居之，供杂役。北所五监，内有女监一，合为五也。又内围另居官犯。

道光丁酉八月十六日《邸抄》，闽督片奏："澎湖左营把总李钟祺之父李尚选，接到李钟祺自实力夷国寄回家信，内称上年在台，附配金泰顺船只赴澎，于十一月初八日开驾。是夜四更，风浪大作，几至沉没。及天明，桅舱尽失，只余水底板片，在洋漂流。舵水兵丁共失去七人，尚存十七人。十二月初六日，幸遇夷船救起，载至实力国。该国见是天朝官员，以礼相待，许有便船立即渡回中国。该把总先写家信，交该国甲板船带由广东寄交伊父，转禀等情。"实力国名不甚著，知环海岛屿丛错，各自立国，其名氏不达上国者不少也。

京都街巷之称颇少，惟胡同名最多。又有巷与胡同联属者，如长巷头条胡同、二条胡同之类是也。南方则多称某街某巷，绝无胡同之名。亦或有称衖者，此即胡同之急声也。云间李豫亨《推篷寤语》云："世有两字而呼为一字者，如胡同为衖，舅母为妗，者乎为诸，不可为叵之类。"

《推篷寤语》云：“唐制，谥议之法，无爵者称子。若蕴德邱园，声实明著，虽无官爵，亦奏闻赐谥曰先生。今三品以上乃得谥号，而无爵之谥遂绝。余以为纯白之士，虽不得出仕者，仁朋义友，孝子顺孙，循其行实，私为加谥，义无不可。又唐碑碣之制，五品、七品以上立碑，若隐沦道素，孝义著闻，虽不仕亦立碣。今无爵者法不得立碑，但立石纪岁月，不螭首龟趺〔趺〕，亦无伤也”。愚按今制，惟大学士必予谥。尚书、都御史，阶从一品，即不易得，侍郎以下更少矣。其制，予谥与否，礼部先行奏请，不予则已，如有旨予谥，礼部咨行内阁，内阁撰谥，奏请择赐。凡有谥者，始准立碑。礼部咨行工部，予碑价银三百两。似此恩典，非素邀圣心眷注，一、二品且难之，况五品、七品乎？又周公制谥法，虽臣子于君，有不得私焉，所以示万世之公也。其法甚严，汉、晋以下失之，然犹付之一时公议。谥不应议，则博士驳正之，犹为近古。近代之谥，有美无恶。所谓谥者，特褒美之具，且出於宸断，谁敢驳正？是以人咸愿得，以为荣名。官由翰林者皆得谥文，文不以人而以官。明沈文端公（鲤）《亦玉堂稿》有《谥法疏》论之云：“可文则文，何嫌于庶僚？不可文则不文，何有于翰苑？盖古者生无爵，死无谥，是故凡有爵者皆得谥，惟其当而已矣。”此真千古不易之论。本朝大臣奉旨入祀贤良祠者，国史有传。

东便门外大通桥，为运粮艘米进仓要道，设监督满汉二员，总理其事。余查通州中仓，尝出东便门，路经是桥，乃颇渺小，不甚宏巨，讶其名实不相符也。阅陆釴《病逸漫记》云：“大通桥去通州四十里，地形高通州五丈，置十闸方可行舟。”都人士苦九陌车尘，往往至二闸乘舟以为乐。然以视南人使舟如使马者，殆犹辽东豕也。

明彭时《彭公笔记》云：“戊寅年十月十日，扈驾狡猎南海子。海子距城南二十里，方一百六十里。辟四门，缭以崇墉，中有水泉三处，獐鹿雉兔，不可以数计。籍海户千余守视，每猎则海户各〔合〕围，纵骑士驰射于中，亦所以训武也。”按，南海子在今永定门外。每岁仲春圣驾谒陵回，必驻跸海子三日，围猎获兽，略如明制，而规模更为宏远，法度更为严备。余未至其地，遑敢臆测，因观笔记，附节于此，想见其盛云。

笔记又云：“翰林官，惟甲第三人即除撰，其余进士选为庶吉士，教养数年而后除，远者八九年，近者四五年，有不堪者复改授他职，盖重其选也。”予按今制，每科进士，选庶吉士者约四五十人上下，既得馆选，应满汉两大教习各馆课一次，领秋俸即告假旋乡，外方干谒敛财。至散馆前数月陆续回京，再应两大教习各馆课一次，即散馆。此三年中，留京应课者不过十余人，有教习之名，无教习之实。若次年有恩科，教习仅一年即散馆矣。必也裁告假之例，即告假亦予以严限。教养深而岁月久，庶人材蔚起，实学振兴乎？

丁未三月二十一日，内阁奉上谕："从前乡、会试回避士子，雍正年间曾於内阁另行考试，或将试卷另封进呈，派员校阅，均系出自特恩，并未著为定例。迨乾隆年间，即经先行停止，嗣因御史睦朝标[①]率行呈请，瞻顾徇私，当奉严旨将该御史拿交刑部治罪。至嘉庆四年，复有御史郭仪长条陈此事，经部议准，仍奉特旨驳饬，是回避士子另行考试，事属难行。迭奉圣训昭垂，岂容臣工任意渎请。祝庆蕃现任礼部尚书，明知此事早经停止，乃因本科回避士子人数较多，独出己见，率行面奏，实属沽名钓誉，冒昧渎陈，著交部严加议处。嗣后乡、会试回避士子无论人数多少，其另行考试之处，并著永远停止。钦此。"祝宗伯竟以此降调。愚观唐宋士子回避文衡，往往另派主考，别院锁试，见于丛书杂记者甚多。但居今之世，反古之道，易地不于贡院，则关防不严密，传递枪替、嘱托徇私诸弊并作。又分三场，费用愈广，中额与不回避者，或

① 据《清宣宗实录》道光二十七年三月庚子谕旨，"睦朝标"当为"眭朝栋"。

合或分，均难平允。种种窒碍，诚如圣谕，事属难行。总之，古法疏，今法密，古弊少，今弊多，欲行非常度外之举，岂易言哉？

进午门为太和殿。在周为外朝，在唐为大朝。每岁元旦，陈五辂，立全仗。皇上视朝，朝百官、万国，在此殿也。余则文进士四月胪唱，武进士十月胪唱，均升殿，百官及新贡士朝贺。丹墀下，东西设品级石，百官依品级跪立（其实笵铜为之，由上而下，按次序铸正一品至从九品字样）。用科道三十六员，分立其间纠仪，谓之站山。其余丹墀之上，仪仗之后，皆有科道纠察。故是日用人最多。又新文进士覆试、殿试，均在殿上。其朝考则在保和殿。万寿节受朝贺，皆在圆明园正大光明殿矣。

驾之未御殿也，百官偶语错杂，旗伞卧地纵横。忽丹陛宝鼎数缕烟腾，知驾已升座，即各就列，肃静无声。鸿胪寺引百官朝服次序就位立，赞行三跪九叩礼成而退。若胪唱日，则行礼后各退。鸿胪寺官引新进士在东西仪仗下跪，然后丹墀上宣读榜文。一甲三人，均出班依修撰六品、编修七品石跪。宣读讫，行三跪九叩礼，各退。东榜置彩亭，礼部官二人押榜抬出，圣驾即还宫。榜由太和、午、端正中门行，黄伞盖罩而出，至东长安门外，悬挂宫墙。顺天府尹即於此地搭棚，为鼎甲三人披红簪金花。进酒毕，乘马游东、西长安街，出城归第。

四月初八日，京都颇兴浴佛会，内城尤盛。旗民妇女，前往寺庙随喜，携钱米布施，僧设素斋待之。其来络绎，至有本寺僧众照料不给，延他庙僧帮助者。予曾于嘉庆丁丑岁，游德胜门外拈花寺，目击其盛。惟外城悯忠寺，因是日妇女游观，不准男客前往。按，礼部亦于七八日前，奏初八日浴佛有例，以京城官庙俱属礼部也。

琉璃厂厂东门内火神庙，每正月初四日开庙门，至十六日止。庙内赁地，陈设古董金玉、书帖字画，不可胜计。自王公官员，以及士庶，靡不游玩，惜其索价昂甚。惟庙僧坐得赁地之资，至数千吊，然不彀其终岁挥霍也。由厂东门至厂西门亦皆赁地，陈列古董金玉、书帖字画，以及星命杂技、风筝灯戏，百物咸备。每下午则车马拥挤，游人如蚁，至不能行走。其厂桥旁有空地甚宽，凡卖水仙花、金鱼、儿童玩戏、糖果诸物，又有摆设西洋景变百戏者。此地尤为人满，至有妇女前往止车眺览终日者。盖外城俱官宅、商肆、民居，别无山水游览，虽有戏园十余所，不能容多人，又正月祭祀、斋戒、禁戏之日居多，故群萃于厂也。

道光二十五年乙巳岁十月初十日，恭逢皇太后七旬万寿。至十五日，皇上升殿，颁恩诏。余时站从四品山，礼成散出，至天安门。时礼部官方在门楼上，宣读诏书暨覃恩条款，万众聚观，良久宣毕，由彩画凤皇口中衔诏缒下，安置黄箱，彩亭舁出，径往顺天府衙门张挂，礼部颁行天下。於是内外大小臣工咸得申请封赠，并有条陈捐封者亦得与覃恩之典，而请封者不可胜计矣。

嘉庆己卯岁，恭逢仁宗睿皇帝六旬万寿，普天同庆。各衙门大小臣工捐俸，设立经坛、戏台，恭申嵩呼祝嘏之忱。自西直门外起至圆明园止四十里内，亭台楼阁，锦地花天，争妍斗巧，毫无隙壤，而以宗人府、工部两衙门为最工丽。倾城往观，车马至西直门已不能行，惟步出城隅。一路梵音优戏，以及绣画人物花鸟，耳目应接不暇。时四喜部最有时名，名优发宝演《杨妃舞盘》新戏，其弟发庆演《后西游记》造化小儿、阴阳二大王新戏。各捐已赀数千金，预往苏杭置办行头，以备祝嘏唱演（事后戏园唱演，先标招牌唱某戏，则人必多，座满价昂）。盖其时海宇升平，京师富庶，故能极一时繁华富丽之盛。今二十余年来，善才老去，新曲音沉，已无有知其事者，不胜俯仰今昔之感。

每科进士用翰林者，除鼎甲授职外，选用庶吉士五六十人不等，谓之馆选。设满、汉大教习二人教之，大教习又择翰林编检官为小教习，分派课艺，至下科新进士榜后，殿试以前散馆，大约在四月十五六七等日居多。其以去留分喜愠者，人情类然。有集唐诗咏之曰："新鬼衔冤故鬼哭，他生未卜此生休。"所谓望玉堂如在天上，何言之悲也，然此特一时之得失耳。每有散作部属知县者，后多官阶利达，事业显著，反有留馆之人不能及者，眼前之成败固不足较也。

尝观闽漳浦蓝鼎元玉霖氏《女学·自序》言："天下之治在风俗，风俗之正在齐家，齐家之道当自妇人始。昔周盛时，淑女流徽，化行江汉。降及郑卫，帷薄不修，祸延家国。闺门风化之原，自开辟以迄於今，不可易也。妇人善恶不同，性习各异，比而齐之，宜莫如学。古者男女皆有学。《周礼》：'九嫔掌妇学之法，以教九御，妇德、妇言、妇容、妇功，各帅其属，而以时御叙于王所。'今其书不传，其详不可得闻矣。秦汉以来，惟班氏《女诫》最为亲切，而章句无多，学者少之。刘向《列女传》择焉而不精，郑氏《女孝经》语言〔焉〕而不详。若华《论语》，便初学矣。其辞俚，无风雅之致。《女诫》《女史》《闺范》《女范》之类，补苴杂出，难以枚述。大约简不能该，繁不能尽，鄙陋浅率，难登经史之堂。欲择其一，以为女学专书，管窥蠡测，未见其可。夫女子之学，与丈夫不同。丈夫一生，皆为学之日，故能出入经史，淹贯百家。女子入学，不过十年，则将任人家事，百务交责，非得专经，未易殚究。学不博，则罔有获。泛滥失归，取裁为难。《女学》一书，恶可少哉？百家众技，各有专师，化原之地，当若何训迪防范。乃既不幸不经圣人之述作，以附四子六艺之末；又不幸不得程朱诸儒，讲明采辑，汇诸家之长而进退之。与《近思》《小学》，流布人间，徒使深闺令淑，若瞽之无相，伥伥乎其何之？此亦古今一大缺憾也。鼎元少孤，父书未读，穷愁困顿，蠖屈蓬蒿之间，每于人心风俗三致意焉。窃不自揆，采辑经史诸子百家，及《列女传》《女诫》诸书，依《周礼》妇学之法，开章总括其要，后以《妇德》《妇言》《妇容》《妇功》分为四篇。又于四篇中分章别类，使读者一见了然，随事矜式。妇人以德为主，故述妇德独详，先之以事夫，事舅姑，继之以和叔妹，睦娣姒。在家则有事父母，事兄嫂；为嫡则有去妒；处约则有安贫；富贵则有恭俭；可常可变，则有若敬身，若重义，若守节，若复仇；为人母，则有教子；为人继母，则有慈爱前子；为人上，则有待下；巫祝尼媪之宜绝，则有若修正辟邪；而以其余者为通论。此则《妇德》一篇之大概也。《妇言》不贵多，要于当，则有若勖夫，若训子，若几谏，若守礼，若贤智，若免祸。《妇容》贵端庄静一，婉娩因时，则有若事亲之容，敬夫之容，起居妊子、居丧避乱之容。《妇功》先蚕织，次中馈，为奉养，为祭祀，各执其劳，而终之以学问，各以其余者为通论。此则《妇言》《妇容》《妇功》三篇之大概也。识学粗疏，见闻寡陋，姑就其昭彰耳目者编次以便初学。其近代百十年间，贞节义烈，笔不胜书，皆未暇载入，惧繁也。他若诗媛才女，咏物写情，虽极工巧，无关名教，概置不录。至孟德曜之偃蹇数夫，阮新妇之捉裾停郎，苏若兰之阳台怀忿，皆讳其瑕而取其瑜，防微杜渐，亦具有苦心焉。或义例未符，考据未确，僭越之罪，知无所逃，然于闺门之道，庶几略备。或可以少补风化，是亦世道人心所不可阙者也。程子曰：'天下之家正，则天下治矣！'愿天下人各正其家，以默赞九重肃雍之化，风俗醇美，家室和平。鼎元将歌《关雎》《麟趾》之诗，拜手稽首而扬其盛云。"又庐陵罗大经《鹤林玉露》载："朱文公尝病《女戒》鄙浅，欲别集古语成一书，立篇目，曰《正静》，曰《卑弱》，曰《孝爱》，曰《和睦》，曰《俭质》，曰《宽惠》，曰《讲学》。且言如杜诗云：'嗟汝未嫁女，秉心郁忡忡。防身动如律，竭力机杼中。'凡此等句，便可入正静，他皆仿此。尝以书属静春先生刘子澄纂辑，迄不能成，公盖欲以配《小学书》也。"云云。据此，则女学之不可不亟讲也明甚，近世女教不修久矣。昨阅《颜氏家训》曰："江东妇女，略无交游，其婚姻之家，或十数年间未相识者，惟以信命赠遗致殷勤焉。邺下风俗，专以妇持门户，争讼曲直，造请逢迎，代子求官，为夫诉屈，此乃恒代之遗风乎？”今京师闺阁之风，类与邺下相近。予於嘉庆年间计偕至京，见戏园搭席宴会，楼上间有女眷。或因门生团拜公请，带女媳往观，或因祝寿应酬，然必四垂竹帘，以隔观瞻。自道光二十余年来，妇女交游日盛。其平居婚丧拜答往还不必言，每至春间团拜宴会，楼上无非女客充满者。亦搭席互相酬请，衣饰日竞奢侈，内外洞然，垂帘之制久废，兼夜戏亦乐而忘返（嘉庆年间从无夜戏，至道光壬辰后始渐有。今六七年来，竟若非此不足尽欢、体面）。京官本苦，坐此益添费累，而亦有因此假途借贷，夤缘升阶者。今更闻有大僚闺阃在观音院等处请女客、召小优侑酒者，此亦可以观世变也。

协办大学士、吏部尚书臣陈官俊跪奏：“为恭谢天恩事。本月（道光二十七年丁未四月）十九日，臣子介祺散馆引见。奉上谕：‘著授为编修。钦此。’窃臣起家寒素，备位清华，职每凛于素餐，训尤惭于式穀。臣子介祺功疏蚁蛭，学陋牛□。趋直薇垣，荷丹毫之宠注；题名杏苑，幸黄榜之荣登。兹复渥被温纶，备员词馆。沐三年之教养，樗栎兼收；感两世之裁成，蓬瀛继步。臣惟有身端圭臬，训勖蓄畲。欲克称乎荣名，惟勉求乎实用。学先器识，非图报国文章；志矢靖共，益励传家忠孝。庶少纾涓埃之报，冀仰酬高厚之施。所有微臣感激下忱，谨率同臣子介祺，泥首宫门，叩谢天恩。谨奏。”按，是时，首揆潘芝轩相国子曾莹，次揆卓海帆相国子枟，及前相国王文恪公子沆，均前后散馆，授职编修。至是陈协揆父子又继之。自庚子至丁未八年中，同时继武木天，世济其美，为汉相之极盛，前此未有也。陈相此折，沉著有识，故录之。

卓海帆协揆至甲辰年大拜，溯蜀中自遂宁相公以雍正元年授武英殿大学士，迨兹一百二十三年矣。梁茝林中丞《和公真除揆席纪恩诗》云，有“九重早日资霖雨（嘉庆壬戌传胪日，圣制诗，有‘若渴求贤望作霖’句），百廿余年重雪山”之句。

翰林院署有一项人，名走馆者，非吏非役，世居署中，姓陈，自前明即世充此役。其始来也，则送钦定翰林院仪注，自称曰馆人。专司新庶常到馆应课、纳卷分题、领送月费俸银、大拜前辈、散馆各事，遂以庶常为良田。每科庶吉士，少则四五十人，多则六七十人，每人月费纹银四两。馆人则于众庶常初到署时，设知单于几，言三年一望，求赏赐一月公费。众心正当成名乐意，无不允书“知”字者。至下月以后，则售卖《历科进士题名碑录》《国朝馆选录》《翰詹编年》等书，俱于月费扣价。又后则开销香烛、纸笔书等费，俱属子虚，任意罗列名目，总期将月费银算尽而止。否则或更浮开，不足之数于下月费银补偿。即间有多余之钱找完，亦不过七八十文，如是者以为常。至俸银则扣平，散馆则又开多费，凡走馆及伙计之园寓饮食等项，无不出此。散馆日期钦定，总在四月新科进士榜后，殿试之前（殿试定日四月廿二，朝考定日四月廿八）。不过半月，而新庶常又出矣。是故农亩有丰凶，商贾有利钝，即六部书办专长舞弊，亦有得失盛衰成败，且不能一家世继。惟翰林院馆人，传业数百年，有继而无绝，有利而无害。居垄断之实，而无犯法之愆。攘夺克剥，人亦不甚恶之。其利甚隐，人颇少知，亦无谋取而代者，是亦若辈中一暗业也。然其人颇俭朴谨饬，布衣布鞋，不似六部书办之奢侈，故能富厚永久。庶常中即间有恶其剥削者，誓将来办事清闷堂时料理之，然至其时俱安静容隐。探其故，则编检俸银俱走馆代领，克扣平银，暗中办事分润，是以绝无纠之者。噫，操术亦巧矣哉！

道光丁未科殿试，读卷大臣八人。宝中堂（兴），乙丑进士；陈中堂（官俊）、魏大宗伯（元烺），戊辰进士；黄阁学（琮），丙戌［进士］；李阁学（嘉端），己丑进士；

礼部右侍郎吴（钟骏）、兵部右侍郎朱（凤标）、吏部左侍郎季（芝昌），俱壬辰科鼎甲，同时阅殿试卷，亦奇。盖历科鼎甲，升沉寿夭，福命每多不齐，未易得此显达全美也。

丁未会试，新进士朝考。钦命诗题“赋得喜雨志乎民”，得“时”字，出《春秋》鲁僖公三年，“六月，雨”。《穀梁传》云：“雨云者，喜雨也。喜雨者，有志乎民者也。”其时，通场皆不知出处，惟江西新建万进士（良）首韵即押鲁僖，有当圣心，由三等拔置一等第三，尚以书法未佳之故。玉音云：“惟此一卷知出处。”万君江右老名士，平生邃於经学，沉潜勤苦，计偕十余次不倦，成进士年已六十六岁矣，卒以经学受知，馆选。然则人所终身勤力之事，未有不得其益者，亦勉之而已矣。

六部衙门，总天下之事权，书吏骩法舞文尤甚。而吏部为最，多与外官交通，营谋美缺，规避处分，必先贿嘱此曹，始能如愿。盖上下明知之，而不能破其鬼域，以为弊莫甚于今世矣。乃余读欧阳公作《大理寺丞狄君墓志铭》，有云：“荐者称君材任治民，乃迁谷城令。汉旁之民，惟邓、谷为富县，尚书铨吏常邀厚赂以售贪令，故省中私语，以一二数之，惜为奇货，而二邑之民，未尝廉吏云。”观此则振古如兹，人特见近不见远耳。

叶少蕴《避暑录话》云："唐以金紫、银青光禄大夫皆为阶官，此沿袭汉制金印紫绶、银印青绶之称也。汉丞相、太尉皆金印紫绶，御史大夫银印青绶，此三府官之极崇者。古者官必佩印，有印则有绶。魏晋后既无佩印之法，唐为此名固已非矣。"云云。余又见《槎上老舌》云："汉晋官印，每随人更铸，不相沿袭。故本官薨逝，可以印为殉。余所见将军、太守、都尉等章数十方，其文强半急就。盖前官既去，又续刻以付后官，多临时猝办。至桓元辅政，孔琳之为西阁祭酒，始上书不听更铸。於是官虽去而印存，遂为历代定制。"按此可与叶少蕴之说相发明。今礼部有铸印局，设员外、主事、大使等官，亦惟旧印刓弊则铸，新设员缺则铸，固甚简也。

今上登极之三年，癸未二月上丁，临雍讲学，为新主即位举行盛典。后不数举也。余时承乏正白旗觉罗官学教习，率官学生观礼。先日斋宿南学，是夜五更，皇上御法服诣大成殿，亲行释奠礼。礼毕易服，幸辟雍宫讲学。曲阜衍圣公亦先期来京，是日陪位。上自王公卿相，以及大小衙门官僚，下至监生、官学生，与夫乡、会试留京者悉与。玉音朗畅，奥义宏宣，圜桥观听，殆将万计。咸叹得闻历圣相传之心法宗旨，为一生之幸云。谕礼部赐举监生员、官学生各纹银一两，御笔以礼部尚书汪廷珍，青宫旧学，启沃之益，尽职之忠，特降上谕褒美，命录御旨贮书房。谕曰："礼部尚书汪廷珍於嘉庆十七年，蒙皇考简用尚书房师傅，与朕朝夕讲论，非法不道，学问渊博。迨至二十三年受任总师傅以来，倍加勤慎，考古证今，谈皆中道，使朕通经义，辨邪正，受益良多。又自朕亲政后，畀以左都御史、尚书之任，办理均能妥协。是汪廷珍于师道、臣道之义，可谓兼备矣。本日临雍讲学，因思曩者讨论之功，眷怀旧况，用沛恩施，汪廷珍著加太子太保衔；伊子汪报原现回籍守制，服阕来京时，该衙门遇有员外郎缺出，即行奏补，用示朕崇儒重道之意。钦此。"识者知金瓯枚卜，已兆於此。余时届礼成后，即出正阳门外拜客，晚始旋寓，则文端师谢折已成，候余缮写。即就烛下恭缮，交笔帖式赍奏。按，辟雍惟周有之，见於《诗》《礼》。汉亦有之，此后历代未遑建及。乾隆五十年，始考古制度，在集贤门内新建。兴废继绝，润色鸿业，炳焉与三代同风。其宫四面出向，周以环池，有桥四，前有碑亭二，池水必临时灌输，以地无来源可导。前期数日往学演礼，余曾周历敬瞻云。

新天子登极，必释奠临雍一次，敬先圣，崇经学也。又考职一次，搜罗才俊也。其考之人，恩拔优副四项贡生暨监生。其考之职，州同、州判、吏目、典史。其考之地在贡院。其考之文，四书题文一道、判一道。道光壬午考职，文题“权然后知轻重，度然后知长短”二句，判题□□□。按，表、判曾用於乡、会试，其废已久，惟考职尚用判，所以觇判断之才也，然亦仅矣。

故事：新进士四月廿一日殿试后，廿八日朝考，翰林院衙门散卷，钦派大臣八人阅定去取，取者多至七八十人而止，谓之朝考入选。引见必点庶常，次亦部属即用知县，无一人归班者。其不入选者，虽间用庶常，不过一二人，大抵归部铨选者多。故朝考入选，为新进士所必争。道光己丑以前无论，后如壬辰、癸巳、乙未诸科犹然。近数科朝考，则奉旨无去取，而有一、二、三等之分。三等多归班，犹昔之未取类也。其庶常或用五六十人，或用七八十人。内有习清书庶常，约四五人，俱用汉人。年在三十岁以上者，亦随其人自愿。既得后，即觅满洲旗人通晓清书者为师。此项人亦有素习教庶常者，三年随词赋庶常，一例散馆，亦有去留。然留馆后，遂置清书不肄，仍习诗赋，大考亦作诗赋，是清书庶常有名无实，不过始进一途耳。是以近数科竟不用此途，圣意盖亦鉴其无益也。

丁未五月初一日，大考翰詹：赋题《远佞赋》，以

"清问下民常阙德"为韵;《君子慎独论》;诗题《澡身浴德》,得"行"字,五言八韵。钦定一等四员,二等五十四员,三等六十员,四等三员,不列等一员。满洲翰林多殿后,甚有全居三等及不列等者,罚俸降革有差。初九日,内阁奉上谕:"向来翰詹衙门,遇有满洲翰林缺出,先尽内班升用,内班无人,例应外班充补。及至考试,诗赋多非素习,以致未能前列。充补后,旋即改官,殊非造就人材本意。因思翻译为满洲本业,均应随时学习精熟,毋稍荒废。现在每科翻译,会试获隽者止用部属,升途较隘,若将此项人员转入翰詹衙门,令其专心学习翻译,与各员一体升转,遇有考试翰詹之年,即照向例考试,免致舍其所长,用其所短,似足以收实效。其应如何分缺录用之处,著大学士、军机大臣会同吏部妥议章程具奏。至蒙古翻译,著以主事用者得缺较难,如何疏通,俾无积滞,亦著一并议奏,以示朕鼓励人材成就后进之至意。钦此。"嗣经议奏,现在各省驻防均试翻译。乡、会试所录人数较前倍增,升途尚隘,自应量为变通,以示鼓励。拟每科翻译会试中式进士,由吏部带领引见时,请旨简用庶吉士,下科散馆,按本科覆试一、二等者,授职编修;三等者,授职检讨,作为内班。论俸先尽升用,俸同者以等第名次为先后。遇考试翰詹之年,仍令专考翻译,其转入翰詹衙门,分缺补用。分别内班、外班,及先尽庶吉士出身,次尽进士、举人出身。一切与满洲文进士翰林大略相同。惟翻译外班，须先期考补，派大臣阅定名次，引见记名注册挨补耳。章程拟定九条，兹不备录。由是清书翰林始实有人员，而满洲文进士翰林外班亦不至以素不习诗赋者充补矣。

余己丑会试同年户部干晓园（廷熉），江西星子人。家世科甲，藏书甚富。至君好之弥笃，适琉璃厂肆，多购异书回，至移家用酬书价，不免交谪，不顾也。入其坐室，前后左右，缥缃罗列，余每向君借阅。君才识渊博，学问淹通，江右后起英俊，未能或之先也。惜年甫逾不惑，殁于京邸。一子先夭，其夫人扶柩回里，其书籍未知零落何如矣。犹忆一岁正月初旬，君自厂东门火神庙内买《白谷山人诗集》回，盖孙公（传庭）遗集也，仅十余纸。予借阅录得数律，以识景仰。然即以诗论，亦不让初盛唐作也。《送曲阳令宋元平入觐兼膺内召》云："种得河阳花满城，征车今喜上春明。西山积雪留琴韵，北阙疏星候履声。治行两朝重纪异，文章四海旧知名。中兴辅佐需公等，霄汉应将只手擎。雁南一望思纷纷，遮道遥传送使君。仙舄晓萦龙塞柳，御书宵捧凤墀云。时艰击目谁堪济？民隐关心帝欲闻。应即挑灯濡谏草，关河寇警近方殷。"《秋兴》云："西风一雁下河洲，客思悠悠独倚楼。穷塞不堪逢九月，美人何事隔三秋？看萸把酒情何限，对菊搜吟意未休。欲向中原舒望眼，南云北树总关愁。烟凄古戍晓枫丹，水咽平沙塞草寒。寇马正肥生事易，汉师已老撤防难。雄藩自古推三晋，壮略何人继一韩。闻道圣明宵旰切，封关或可恃泥丸。"《归兴》云："风尘事事不堪论，回首云山断客魂。四海劳民皮已尽，三年傲吏骨犹存。倦思缩地归南墅，愁欲呼天赋北门。奄忽故园春又暮，空教青鬓负华樽。宦况今成窭且贫，艰危世路况愁人。陵阳白璧投偏伪，勾漏丹砂炼未真。有铁铸来俱是错，无钱掷去可通神。何时顿却支祁锁，丰草长林任此身。"《同王天初明府、刘逊庵作圣茂才、张肖筑太学饮王永泰山亭，次壁间谢畹溪、王华野二先生韵》，录其一云："访胜重来问旧途，相拼醉眼欲模糊。云归林壑全飞动，雨过烟村半有无。席地壶觞花作幕，跨山台榭石为衢。主人爱我饶幽况，指点溪前许结庐。"《朱抱贞参戎擢阳和协镇赋赠》云："东西戎马日纵横，谁挽天河洗甲兵。上党将军今大树，雁门关塞古长城。亲提虎旅新驰捷，曾勒燕然久著名。制府正虚帷幄待，伫看倚剑落欃枪。"

精医者宜莫如太医院，工文者宜莫如翰林院。然而，京师俗语动相诋訾曰："翰林院文章，太医院医方。"甚言其不善，有名无实也。吾尝与太医谈论，其同辈习气亦尚夤缘钻刺。有医痊蒙上赏者，辄以赏物贿赂近习，结交延誉，得常应奉，是其术不尽精也。至外间时医有时名者，专讲马钱厚利。胗〔诊〕脉一次，有京蚨二千四百文者，有三千二百文者，并有八千、十千文者。京蚨一吊为至轻，其平日不收马钱，三节总谢，获利更丰。拥厚资，捐官职者多有。京都人贵耳而贱目，喜新而弃旧。凡新到京，及有名望，为大宅延胗〔诊〕者，竞相邀致。而其人亦遂自高声价，既骄且吝，不肯轻易就医，视人命如儿戏。然失手伤命，亦正不少。余友病浅而为药误甚多。盖其人医道类多粗浅，离去乡国，人不知其底里，伤风小症，偶然获效，医名遂震。其误医者，人不尽知也。其中又有因乡、会试来京不第改业行医者，亦每不精，大率糊口谋生计耳。往往外貌高明，衣冠、车马、仆从甚都，议论若东溪叔明复生者，略为细诘，即已词穷。吾尝遇一医，始尚胗〔诊〕脉数次，后遂不复胗〔诊〕，但提笔开方，以此自炫高明，而卒不获效，几致大病。夫医理精微，人命至重，精细小心尚恐有失，况益之骄矜予智乎？故余在都数十年，所闻医名忽起忽倒，无一真良医也。先师汪文端公（廷珍），暨王文恪公（鼎），亦素名精医，然高位重望，人亦不敢渎求也。

京都气候，自道光以来，冬日和暖，夏日炎热，几与南方相似，然未有如丁未六月之尤甚。六月初三日交初伏，至初九、初十、十一，此三日内炎蒸，真所谓流金烁石，如傍火炉，日不停扇，夜不能眠，人及驿马竟多中暑热死者。南方虽热，无是患也。前道光癸巳六月酷热，伤人畜亦类此。计余在京数十年，所遇六月之热，前后惟此两年而已。

余尝闻汪文端师一门生谢启，起句云：“文章胜负之场，好名不免；父母恩勤而外，知己难忘。”亦佳。

易名之典，文清、文端，考行定谥，已极优隆，文正则尤不轻予。先师曹俪笙相国，道光乙未正月初三日去世。上闻嗟叹再三，悼惜不置，屡下褒嘉之旨，饰终之典，极为优备。礼部请谥，特降谕曰：“朕亲政之初，见大学士曹振镛人品端方，学问优长，特授为军机大臣，用资启沃。十四年余，靖共正直，历久不渝。虽身跻崇要，小心谨恪，动循规法，从未稍蹈愆尤。凡所陈奏，均得大体，老成持重，懋著忠勤，实朕股肱心膂之臣。从前乾隆年间大学士刘统勋、嘉庆年间大学士朱珪，仰蒙皇祖高宗纯皇帝、皇考仁宗睿皇帝鉴其品节，赐谥文正，易名之典，备极优隆。曹振镛实心任事，体用兼优，外貌呐然，而献替不避嫌怨，朕深倚赖而人不知。揆诸谥法，实足以当正字而无愧。兹据该衙门奏请予谥，著加恩赐谥文正，用示朕眷怀良辅，宠锡嘉名至意。钦此。”盖本朝谥文正者，至此仅有三人，可谓难得矣。非吾师赞襄密勿，明良一德，乌能膺此旷典哉？

精神者，福泽之原。官至三品以上，其精神优裕，记性必远过寻常，夙慧亦多见于童稚。曹文正公幼就外傅读书，每日五十行，后至百行，皆背诵如流。汪文端公师赴南京乡试，新受业《易经》，期以试竣回塾全背。公游戏自如，置不读，度师将回，前两夜始诵习之。及师回，背诵上下经两本，无一字遗。此其〔非〕强识天授，不可能也。又，予在文端公宅管理笔墨时，遇有当考典故，公命查某书、某本第几页，检阅良是。抑非独二公，盖予前后住京师数十载，所见名公巨卿，类无不如是者。否则佐万几，综庶务，上而奏对，下而出令，岂健忘者所能胜任哉？此以见位崇卿相之不偶然也。

南花北果，信然。京师丁香、藤花，南方所无。其余桃、杏、芍药、荷花、榴、菊之类，皆不能胜南。唐花阅时不久，究非天然，安有冬梅、秋桂、珠兰、茉莉之佳妙哉（梅、桂、茉莉亦有盆栽，然不繁盛，收藏不易）？果则江浙之枇杷、杨梅、柑橘，闽粤之荔枝、新会橙为最。其枣、梨、桃、瓜等，不如北方远甚。又，沙果、苹果俱出北方，味甘鲜，宜生吃。葡萄有紫而形圆者，有碧色而形长名牛奶者，皆佳。盖乐宜沙土，北土多沙故也。京师蜜饯、山查糕，天下不能及。南方之橄榄，苦后回甘，亦北所无，可以敌之。然橄榄至京，率皆黄枯变换，真味全无矣。忆自癸巳至壬寅，予馆前门西城根王文恪公（鼎）宅，进户部衙门，必经棋盘街。五六七月之交，新果盈街，丹绿万状。每公退，必买饱啖，香甘满颊，殆亦余生平嗜果之口福乎！十年瞬息，回想惘然。

董江都云："言出于己，不可塞也；行发于身，不可掩也。"又曰："积善在身，犹长日加益而人不知也；积恶在身，犹火销膏而人不见也。此唐虞之所以得令名，而桀纣之可为悼惧者也。"夫行发于身，而名播于外。无有上下远迩俱知之，而善恶各以类应，故君子修己不敢不至，而名不敢不畏也。凡祖父居身立官，忠清公正，子孙必受其福。奸贪邪伪，子孙亦受其祸。岂非行之不可掩，而名之素著耶？山左刘文正、文清两相国文恭冢宰，世勤厥职，素受上知，今其后宠任日隆。山右某中丞，其子官刑部，屡放知府，而召见询及家世，即饬回原衙门。如是者数次，终于沉废，人以为某中丞声名之故。然则人当势位赫奕鼎盛之时，不但当为一己之名，并当预为子孙之地矣。

江西南城张晓楼太史（江），制义大家，其文脍炙天下久矣。丁未岁，余晤南城友询及，言太史官翰林，殁於京邸，其灵柩迄不能归葬，今亦无考。盖由太史平日恃才傲物，性颇乖张，以致身后无人顾恤，有子孙再传即绝。王文恪公（鼎）督学江右时，访其本族入继，俾之采芹食饩，且嘱两学师教诲之。其加礼先贤至矣，而卒不能成立，旋亦夭亡。是知灵秀福泽，一人发泄已尽。语云极盛难继，能无替乎？

宋柳永，字耆卿。为举子时，多游狭邪，善为歌辞。教坊乐工，每得新腔，必求永为辞，始行于世。于是声传一时，至於凡有井水饮处，即能歌柳词，其传之广如此。永亦善为他文词，而偶先以是得名，始悔为己累，后改名三变，而终不能救。信择术不可不慎也。永举进士登科，终屯田员外郎，旅死，殡润州僧寺。王和甫为守时，求其后不得，乃为出钱葬之。此事见叶梦得《避暑录话》。才人沦落，无后，可伤也。予读王渔洋《真州绝句》云："残月晓风仙掌路，何人为吊柳屯田？"注柳耆卿墓，在城西仙人掌。则又似在仪征，而不在丹徒。

余课师金选树夫子（廷桂），乾隆己酉拔贡，上虞籍，居于杭城。朝考二等，例得教职，以养母不赴，事母至孝。教学不倦，指授必先理法，一时从游极盛，入泮、举乡、会试者相望也。品端学粹，优游和蔼，有曾点暮春、邵尧夫安乐窝气象。年七十余，以寿终。无子，门人公置祀田，以备春秋祭扫。盖吾杭经师虽多，而以德、以品、以学，不为市道交者，惟师一人而已，宜门弟子追慕不忘也。

吾杭仁和何春巢先生（承燕），乾隆朝人，五任广文，著有《春巢诗钞》七卷。其父献葵，官海州刺史。在秦邮任时，署有秦少游《淮海集》遗板，为交代中一风雅物。前官俗吏失于检阅，板片多残缺不全。献葵亟为编辑完善，授春巢诵习，遂工填词，有《春巢诗余》四卷，又间作曲十五套，俱付梓。其诗词曾采入《随园诗话》。春巢又作《春巢居士卖花图》，自题云："卖花叟，肩花走，卖得钱来便沽酒。花儿卖罢担儿丢，风流还把余花嗅。卖赋能如卖花否？卖花叟。"

前明嘉靖时，钱唐李伯文（奎），起家刀笔，从事锦衣，雅善诗。从齐人谢榛游，倾动诸公卿。陆太保炳掌锦衣，引为上客。锦衣经历沈炼，深相结纳，谏臣论劾执政，先后下诏狱。得宽解者，人皆颂炳，不知实伯文阴为之地也。炼具疏，将劾相嵩父子，举酒属伯文以后事，伯文心许之。已而下狱，倾身庇之，得末减。世藩知之，欲中以奇祸，乃脱身归里，年八十余卒。茅坤伐石表之曰："诗人李珠山之墓。"陆次云选明诗《善鸣集》，录其《与客游北山》五律一首。

朱仕琇，闽之建宁人，乾隆十三年戊辰科进士，改庶常，散馆，授山左夏津县。著《梅崖文集》，内有《与余羽皋书》，谈山左官况云："比吏俗尚武略，不厌谖刻。喜饰仪卫舆马，挥金钱如粪土。工笑貌语言，承上司意旨，废己所事，好强与人事。上以是相吏能否。同僚相遇，虐戏谑为欢，顽童歌舞于前，赠遗讙笑，马射饮博，演优日夜。积如是者，上之人称之曰能，否则虽积惠如古循吏，亦受恶名已去矣。"余谓此真乾隆时州县气习也。其时物力富盛，取多用宏，上下流通，故能奢侈若此。今则上下生事日蹙，取赢无路，咸趍俭啬，且功令森严，州县苟恣饮博优戏，喧于人口，即挂弹章矣。今州县除簠簋不饬不计外，其自然之利，所恃钱、漕、税契三项。税契民多隐匿不税，漕米则帮费重大，漕规繁多，惟钱粮赢余，借以敷衍食用。而公私层层应酬剥削，终难免亏空之累，加以近十年来银价日昂，赔累愈重，苦况愈增。回首朱书所云，如闻天宝、开元全盛时矣。

先师曹文正公（振镛）父文敏公（文植）茅原先生，乾隆朝官户部尚书，年五十三岁，即以母朱太夫人年逾八旬，陈请终养。嗣嘉庆戊午秋，文正公视学广东，取道九江，乞假归里省视。文敏公作诗四律志喜，有“堂中母老休言老，膝下儿荣更觉荣”之句，一时传诵。时朱太夫人已年逾九旬矣。此与唐人“文章旧价留鸾掖，桃李新阴在鲤庭”同一佳话，洵为熙朝盛事，孝子恩荣。

京都武乡、会试，士皆先期数月，集於安定门外郊野旷地，演习骑射以待试。其地名黑寺，盖喇嘛庙也，试士皆寓居寺内。其寺招租帖，至写寺内第几条胡同吉房招租，则地基之广、屋宇之繁可想。

圆明园大宫门卡外，名扇子湖，荷花云布，西山屏绕，气象极为清旷。其南为挂甲屯，多客寓，为四方朝觐官员及考差散馆者赁居。红阑绿水，粉墙高树，尘心为之一洗。但赁价甚昂，数日之暂，非京钱数十千不可。饭庄酒馆亦较城内倍价，味亦不甚佳也。

圆明园地近昆明湖、玉泉，水泉四注，莲藕、鲜果皆佳，活鱼尤多，价廉味美，余考差寓居得尝之。其酒有名玫瑰露者，香味亦胜城中。

杨忠愍公椒山，参仇鸾、严嵩两疏草稿墨迹，及训子家书，尚存公容城后裔家。丁未八月十六日，松筠庵科道公祭，余往拜公。时住持僧明基，方从容城后裔处，借得两疏稿墨迹上石，因得敬观。两疏稿为一长卷，后人题跋、歌咏亦一长卷。参仇鸾疏墨迹黯淡，尚可辨视。参嵩疏则墨气明显，俱小行书，时有涂改。扣奏折字数行款，满百字则上作墨圈，满一行则下用墨撇。社稷日月字俱顶格抬写，字体颇类争坐位小行书，与予所藏公与王□□书大行书苍老刚劲者微异。读其文透切忠直，一片血诚。明世宗亦英主，而不之悟，任奸相蒙蔽，可异也。石刻竣，明基分送一副，惟训子家书墨迹存其裔孙处，未借镌刻。又传公有临《云麾碑》一半帖，因上疏狱事作，未就。不知何日有缘得见之也？又，疏稿刻石，明基僧募捐千金，另构谏草厅於殿后西南隅贮之，计十石。从此两疏与日月争光，长留天地间矣。殿又新添宝坻李□□一联句云："东楼欲死，东渠愿生，死生缘都归造化；两疏达天，两诗入地，天地间莫大文章。"椒山先生生辰五月十七日，科道公祭每年八月十六日。

道光丁未八月，陕甘总督布彦泰奏言："七月三十日，接叶尔羌办事大臣吉明咨文，言七月十二日，有喀什噶尔卡外安集延、布鲁特，纠约本地回子屯聚七里河，官兵与战，不能取胜。本日晚即围困城垣，需救甚急。”云云。十九日奉上谕：“布彦泰驰奏喀什噶尔回匪滋事，现在拨饷、调兵筹剿一折，据称喀什噶尔卡外安集延、布鲁特，纠约本地回子屯聚城外，寻衅肆扰。该督现已咨会提督，先行带兵出关，一面督兵亲赴肃州照料调度，并预调官兵筹办等语。安集延等回众性类犬羊，反复靡定，胆敢煽结近城回众围扰城垣，藐法已极，必应速伸天讨，以靖逆萌而安边徼。布彦泰着授为定西将军，军务一切悉听节制。奕山著作为参赞大臣，带办军务。均著颁给关防，其所需军饷即着由陕西、甘肃两省藩库分贮项下动用，支发该将军等，务宜激励将弁，除暴安良，一切相机剿办，迅速蒇事，俾根株尽绝，边围肃清，以副朕望。余着照所拟办理，该部知道。钦此。”又命御前侍卫珠勒亨、德冲额前往军营，随同布彦泰督兵剿办。陕西臬司严良训、甘肃镇迪道明谊办理粮台事务。盖虽小丑跳梁，亦不能不劳师动众也。因忆福州梁茝林先生（章钜）《归田琐记》所载云：“英夷滋事，予寓扬州时，和议未成，警报踵至。有术士昌言，扬城只有虚惊，必无大变，然不免破财。余亲聆其说。又言丙午、丁未两年，兵象尤著，众以为时尚远，姑妄听之而已。”按，丙午岁，京师暨各省尚无事端。今丁未八月，果有喀什噶尔、英吉沙尔两城之变，则术士之言亦应。既而参赞奕山带大兵，连获胜仗。先解英尔沙尔之围，而喀什噶尔之贼亦遁，可谓迅速蒇事。又，河南亢旱，几至通省全荒，赈银米至数十万金。则午、未洵非善岁也。

道光丁未，河南大旱，额征漕粮共五十三州县。内祥符等四十八州县，被旱成灾，本年应征漕粮，缓至来年秋后启征。仅止商丘、宁陵、睢州、涉县、太康等五州县，征收漕粮一万四千四百石。钦奉恩旨，留於本省，为来春接济灾区之用。是灾区可为至广。内库发赈济帑银数十万两，江苏运米数十万。又，河南本省官捐粥厂，本籍官绅捐银数万余金，幸保无虞。则午、未诚凶岁矣。

汪瑟庵师为安徽学政时，循例至金陵试院考录遗才，撰楹帖云："三年灯火，原期此日飞腾，倘存片念偏私，有如江水；五度秋风，曾记昔时辛苦，仍是一囊琴剑，重到钟山。"盖公丙午中乡榜，即在金陵贡院也。

翰林院衙门土地神，旧传为昌黎韩公。朱文正公（珪）以为代韩公者，为吴殿撰（鸿）。一日丁祭毕，坐轿过土地祠，公自轿中回头作拱，大声曰："老前辈，有请矣。"则颉云先生之继韩，谅非无据。

古今除圣贤外，莫不为财色二字所囿，酒气则有出乎其外者矣。朱石君先生薨逝，睿庙挽以诗云：“半生惟独宿，一世不谈钱。”超出常情万万矣，不愧文正之谥。

丁未九月重阳节，与松石礼部往彰义门外天宁寺看菊。游人甚众，并往石塔瞻玩。计有十三级，雕刻人、兽、窗门等物极繁，但在基址盘桓而不能登。禅堂有一对云：“百尺松如无量佛；一拳山似有缘人。”语甚隽永，字尤高古洒脱。款落“济斌”，似僧名。进城，游善果寺，与去年风景无异。往寺西，观明奄人墓。冢甚多，尚有正德谕祭御马监魏真碑，及内官监刘成、程俊，司设监赵旺四碑。内有翰林何宗彦撰文，给事中侯庆远书丹者。碑文备极谄谀，至以必得其位四句，及天寿平格十全赞之。文亦鄙俚，不似名人手笔。余碑亦有但书生卒年月无文者，亦有卧地无字者。围墙但有故址，冢树、祭桌尚存。夕阳凭吊，想见奄竖当年气焰，而今安在矣？又往报国寺，树木繁昌，蔚然深秀，小桥流水，翛然尘外。瞻窑变观音像，不及二尺，莹净如玉，慈容庄重。头戴巾，身披蓝衲，座用金字恭书“纯庙御记”。两旁侍善财、龙女，虽亦范磁所为，而比之大士法身，殆犹碔砆与玉，不如远矣！又往西厢，观《胜果妙音图》，有“乾隆甲子九年四月八日，奉敕沐指染墨，恭画尊像，臣傅雯”数十字。其画纵横数丈，系指头画佛像数十尊，象四只，神气如生，精力弥满，诚指画之大观。聚视赞叹，以为希有。其旁悬岳武穆王像，画亦甚古。桌供牌位，书“宋武穆王岳夫子神位”。夫子之称，未知所由。而下无奉祀名姓，可怪也。出庙，前门西南隅，有顾亭林先生祠。内正屋三间，中奉栗主，书“顾亭林先生神位”。位左墙嵌石刻亭林先生幅巾像。其旁有亭，覆一大石井。圈上镌“开城（唐文宗年号）四年五月十五日”，余数字剥泐不可辨。正屋两旁俱有厢五间，规模宏整，系何编修（绍基）纠诸同志成之者。每年三祭，二、八月及五月生辰。寺僧云：“国初，报国寺有庙会，亭林先生每来书摊检书翻阅，故祀主于此，表其遗迹云。”

京城内外，满汉官员，以及绅衿吏民，用仆至夥，故其类亦至繁。五方杂处，以直隶、山东为多，而奸宄生焉。纪晓岚先生《阅微草堂笔记》载，其同年某御史，为众仆结党，浮开用账，朘削窘苦。同年朱竹君先生不平，为逐旧仆而更新者，未几，新旧勾串一气，浮开如故。某御史卒窘死云云。今虽不至如此结党之甚，然主人得有差使，或买衣食动用等物，以及一切交易银钱者，门上跟役、车夫、厨子无不有抽丰，遂成定例。彼此相喻无言，而自然授受，坐是主人费用愈大，而舞弊作奸，累及功名，更无论矣。又计较出息，动即告假，易合易散，来去无常，今日见于此宅，明日又在彼宅，故其眼界愈广，习气愈坏，胆愈大而心愈狡。余在户部日，有一同司友请酒。诸客咸集，俟一湖北同司友，迟之又久始到，云其家烧煤，任仆叫用，向来亲自过秤。日前伊偶亲过秤，则缺数甚多。知众仆暗中侵蚀已久，然犹未明为指破也。忽於昨夜四更，人已睡久，突其门上喊叫主人起关门户。伊等要走，并立誓秽骂不同走者，於是众仆一哄全散。今日乏人炊饭，仅买饼充饥，亦无车夫驾车，另雇车来赴云。闻次日向城上嘱拿，竟无一获。有人云：此亦京仆恶习，谓之卷堂大散。盖京师辇毂之下，定於一尊，官员尚不敢逾越，而在下等人，每每敢於横行如此。梁茝林中丞称为三分奴，谓一分鬼、一分畜生、一分人，洵不诬也。

京师成衣，宁波最多，安徽次之。闻此类人云：城内外自开铺肆者有二千余家，散伙不下二三万人，他省断乎无是。然当秋冬制作寒衣，每患人少不给。其来者每挑掣饭菜不佳，若以宾客自居。甚有晨到门时，茶未熟，即扬扬然去者，骄悍已甚。盖近来在上者胆愈小，气愈歉，而在下者反有积重难返之势，动辄挟制，亦可以征人心风俗，以后更不知作何变象也。第即成衣究其故，制衣利在己铺，偷取材料无忌，且衣成多开工料，可昂数倍。倘若到人家，则一切物料俱主人备用，成衣终日营制，仅得一定工钱，别无赢余，故多不愿赴。见为人少不给，非真有是也。

丁未十月初一日，新中武进士殿试。御史监试者，卯进巳散，闻试卷书写不过数行，完卷甚速，盖武试不重文艺也。初二日，驾幸紫光阁看马步射。初三日，御箭亭看弓刀石，此则犹文殿试最重。初四日，奉旨：一甲一名李信授为头等侍卫，一甲二名姜国仲授为二等侍卫。独缺第三人。随奉上谕："武殿试一甲向取三人，此次中式武举，朕亲加校阅，一甲一名李信、一甲二名姜国仲，马步箭、弓刀石俱称外，其余各武举内，或马步箭尚好，弓刀石间有二号者，或弓刀石尚好，马步箭中不及数者，一甲第三不得其人，未便迁就符额，用示朕核实抡才至意。钦此。"一甲三人，必取实际，宁缺毋滥，事所仅有。文则断乎无之，而才之虚实，事之难易，可以辨矣。

礼部有南北库：南库藏各省学政所解生童贡监试卷，及春秋乡、会试场卷，北库专贮佛教藏经。又有书籍库，贮古今书史；板片库，贮《皇朝文献通考》《皇朝礼器图》《大清会典》《礼部则例》等书板片。共四库。南库所藏试卷、场卷，岁益加增，定例凡藏逾三十年者，概行焚毁。李芝龄师（宗昉）壬戌进士，终于大宗伯。其官礼部侍郎时，适值三十年焚卷之期，壬戌会试场卷亦在焉。公因取出己卷，装裱完好，属同人题咏，盖亦名场一佳话也。

天下衣服铺排奢费者，无过京师。纱葛之疏密、裘之皮毛长短大小、春秋衣之厚薄，因时更换，其中等级甚多，凉燠辨别毫厘。京官当差随众，出必袍褂，不能不趁时尚，是以衣多且费。其或入质库不能赎，典满出卖者，谓之估衣局，京城内外无处无之，外省不及。盖人多则衣富也，而尤盛于东小市。每日黎明，席地陈设，现衣及衣料，百货咸备，不过一二时即收。图其便易者，咸往贸焉，然其中作奸售伪者亦不少，在眼力能鉴别耳。其皮局，每逢长夏人暇，工匠合作，取粗细皮毛，缝纫式样。如猞猁孙、金银豹、吉祥豹、貂爪花灰鼠等类，或成袍褂，或作马褂，或为领袖。缝纫既就，次加熏染，颜色炫耀。一衣动至数十金、百金不等，全由人巧制成，岂有天生兽毛，如此美丽整齐者哉！《吕氏春秋》云："天下无粹白之狐，而有粹白之裘，取之众白也。"则纫皮成裘，由来久矣。

丁未冬，余奉命稽查普济堂粥赈。每黎明出彰义门，遇驼煤驴炭，交错络绎，不可胜计。念京师地广人稠，取多用宏也。他物皆称是，是天地生生不穷，物力足以供人之求。人习焉不察，岂知大生、广生之德哉？

子书语虽生造精奇，然实从人情、物理，体验深至。余读《庄子·外篇·胠箧》，有曰："圣人不死，大盗不止。虽重圣人而治天下，则是重利盗跖也。为之斗斛以量之，则并与斗斛而窃之；为之权衡以称之，则并与权衡而窃之；为之符玺以信之，则并与符玺而窃之；为之仁义以矫之，则并与仁义而窃之。何以知其然耶？彼窃钩者诛，窃国者为诸侯，诸侯之门而仁义存焉，则是非窃仁义圣知耶？"时道光丙午、丁未间，山东盗风日炽，兖曹界有巨盗，自称仁义王、顺天王者，见於御史弹章、钦差奏折，此非所谓并仁义窃之耶？即小说《水浒传》有忠义堂、替天行道等语，皆类此。益服《南华》之洞达古今矣。

嘉庆庚辰三元陈莲史（继昌），癸酉发解，初名□。己卯会试不第留京，寓会馆，梦观天榜，三十三名为陈继昌，因改今名。既而榜发竟元，犹记其天榜名后一人，如数不动。盖莲史之品学，文恭公之德泽，交济而致此巍科也。

士未通籍家居时，或住祖遗及典赁之屋，纵多喜庆，岂绝无疾病死丧之事，未尝因偶一不吉，而辄迁其居也。张老善颂，所谓歌於斯，哭於斯，聚国族于斯者也。乃为京官，爵禄热中，遇官久不迁，及不如意等事，辄咎阳宅之不利而移徙之。或见人升迁、外放得差遗宅，辄指为吉房而谋居之。若已之富贵、贫贱、吉凶、祸福，惟住屋实司其券也者。嗟乎！孟尝君所叹人生受命于天乎，将受命于户者也。及所移吉房，有应有不应，甚或加凶焉而不悟也，则又另迁其居。其前所谓凶屋，此去彼来，未尝乏人居也，或数易人而竟大吉利焉，则昔之所谓凶者忘之，而但趋今之吉利矣。京官习气，举世一辄，是以空屋招帖，多写吉房，而一岁数迁，甲居乙屋，乙居甲宅，各吉其吉，各凶其凶而已矣。其搬移之劳民伤财，固甘之也。噫！可谓愚也已。

夫所谓凶宅，非不应避，而甘蹈其祸也。疾病死丧，自有常理、正理，造物主之，非人所能趍避，况区区之居屋乎？至凶宅则往往狐鬼居之，作祟侵扰，不迁恐有奇祸，所谓时衰鬼弄人也。余同衙门苏松龛侍御，丁未八月移居教场二条胡同西头路北一新宅。甫迁即病，夜辄有物桌上架桌，层累而上，桌尽加凳，少顷推掷满地，轰然声震，绝无损伤。如是两月，迁避而病亦已。此则理应移徙者也。

不但官宅吉凶，习尚忌讳，各衙门亦间有之。户部贵州司，相传新官莅任到司，非死亡丁忧，即有降革之祸，故必借他司到任。予同年丁由垞（彦俦），本官工部，由庶常到班，选户部贵州司主事。素以理学自命，独不信，径赴本司莅任。迄今多年，得差顺利，兼主正稿，骎骎有京察一等之望，可为趋吉避凶者棒喝！

汤敦甫协揆任吏部时，一为旧日工部司官蔡玉山（家玕）居言路，参奏工部旧案被议，再为保举吏部司官陈筠心（起诗）仓监督，为陈所讦，降三品京堂。时人为之语曰：“可谓厄於陈蔡之间。”

卓海帆相国，壬戌进士馆选，年甚少，随众公谒座师纪文达公，公戏问曰：“谁是卓文君？”一时传为佳话。

圣驾冬日进宫后，每有贯跤、冰鞋之戏。贯跤则由善扑营进廿对，闻每二人互相扭抱争持，以栽倒为输，然外人不得而窥也。冰鞋则隶冰鞋处，此项人常值河冻结冰时演习。余寓汪文端师宅，在兴化寺街，距后门外步量桥不远，路过每见河冰上练冰鞋之戏。谛视之，只有铁鞋一只，亦非鞋也，乃一片铁，与鞋大小相等。上做铁圈，以套足上鞋袜。其底则薄铁一条，其长相等，亘於底之中心，薄甚不能立也。套圈左足，右足扬起，两手撒开，以左足顺冰滑势而行，瞬息达彼岸，或再折回再走，往返数四，即席地解之。大约乘滑练捷，顺其自然，稍有用意迟滞，则跌矣。闻在内廷苑池，御观呈戏时，便熟轻捷甚。每至水亭御前，屈一膝请安，即驶过，迅於飞鸟。

道光二十七年秋，论者每言江省漕粮灾减过多，诿诸帮费重大。两江总督李石梧因请将苏松太三属漕粮，二十八年改由海运。查道光六年海运，因河道阻塞，不得已而试行，次年旋即停止。又彼时各帮粮船，未经归次，留於黄河以北，接递江广新漕。水手人等，养赡有资，间有数帮归次者，水手不过数百人，易於安插。今则三十一帮，全行减歇，苏松太三属漕粮，居全漕四分之一，无业游民，无船可运，必至生计孔艰，颠连无告。及流为匪徒，从何绳之以法，亦殊可悯！漕督杨叠云奏岁漕实减，不关帮费，因条陈丁舵之可悯，沙船水手之可虑，洋面情形之可畏，请俟本年办理无误，明年再行筹议河海并运事宜。奉朱批："大学士、军机大臣会同户部速议，具奏片，两件并发。钦此。"嗣议得江苏甲於通漕，苏松太三属甲於通省。前据署苏抚程矞采，会商该漕督杨殿邦等奏称，松属每船减为洋钱七百元，苏太二属每船减为五百六十元。合计三属例外帮费，经该漕督删减之后，尚需银八九十万两之多，岂能于漕务绝无妨碍？海运一行，帮费不禁自绝。至减船丁舵，宜加体恤，海洋巡哨，宜加周密。现据两江总督臣、江苏抚臣备议章程奏呈御览，仍饬该督抚等慎益加慎，所有苏松太三属道光二十七年应征漕粮，臣等公同商议，自应遵照前奉谕旨於道光二十八年暂由海运云云。时传闻苏松太三十一帮丁舵，有数万人，欲明春拦截浙江粮船水手告助，未知确否？然不得谓漕督所奏，非曲突徙薪之见也。苏松太三十一帮水手，有名在册者八九千人，其未上册者闻亦不下五六七千人。即使酌给归次，大半无家可归，遣散后仍不免流而为匪。该省大吏，亦明知无善策以处，乃劝令绅士、团练、乡勇，置备器械。虽为防患起见，转恐激成事端，此不可不深思而熟计者也。此见御史曹懋坚条奏。

每月逢初五、十五、廿五黎明，朝期坐班。在午门前、朝房外，朝服分东西班席地坐。自王公、翰林及各衙门卿贰、司官皆轮派往坐。御史、礼部、鸿胪寺官在班前后周历一过，谓之查班。都察院、礼部遣吏役收各官职名。查班毕，少坐即起，各散。此旧例也，相传始明万历，帝居深宫，久不视朝，故百官坐班候驾。讽谏之意，而入国朝，仍举莫敢废。具载之礼部则例，定为不到三次，罚俸三月。意必别有说存也。人皆訾为无谓，意存惰玩。自予通籍以来，所见各衙门卿贰，竟皆绝迹。惟王位必到一人，余皆翰林编检，各衙门司官已不甚多。前经查班御史纠参，少整顿，仍弛。近更落落如晨星，盖到者少，见不到者多，遂转相效尤。然旷误过甚，恐不免又有参劾者也。

前代医书所载人参，即山西党参也。本朝关东人参，王气所钟，遂超党参之上。若高丽参，岛夷物产，古书不载，自嘉庆年间，南方颇行，至道光大盛。彼国商人，冒充贡使役从，来京携参沿街出售，视为大业厚利。然皆种参，天生绝少。高丽馆在前门内东城根，予自嘉庆甲戌计偕进京，见其地皆民居、官宅。近二十余年来，则悉为卖高丽参、朝鲜纸布市廛。环馆左右，无虑数十百家。非通行之广，胡能至此？然惟多也，南方价亦不昂矣。

戊申春，余查普济堂粥厂。出广安门里许，见路北有古墓、石坊。下车视之，上写兵部尚书浙闽总督陈锦之墓。又进墓道，则顺治十年谕祭碑文屹然。其墓仅荒草一堆。前列石桌，上供石凿香炉、烛台、花瓶及桃、柿果五盘。环列数小冢，四围墙垣尽圮，景象荒凉。因思顺治十年，定鼎未久，浙闽山海奥区，如耿精忠、郑成功辈奸宄甚盛。之人开府于斯，其才干必有大过人者。今相距二百余年，已无有能道之人。甚矣，不朽之难也。

丁未冬，予晤粤人之官京师者，言及英夷自七口通商以后，殊甚失计。从前粤省洋行十余家，夷人所带呢羽各洋货，俱交洋行售卖。无论卖完与否，其回国之期一定。但问洋行索货银，或数万，或数十万，无不捆载而归。其所需买茶叶、大黄，亦托洋行代购。如不佳，下次仍向洋行索换，甚便也。自七口条议中，英夷恶洋行分利而废之，自与市肆交易，类多拖欠。或竟逋逃，无从索银。近且货多不售，在粤停留数年，粤省潮湿，呢羽多存久蒸变颜色，更难销售。其所买商人大黄，多杂黄土，其人远扬，无从觅换。始知旧日章程周妥，悔之无及！本国岁数不登，由是数年来，亏空至数千万。又英夷素行凶暴，为众岛夷所恶，俱怀剪灭之心。戊申岁，英夷将其留粤得力夷官，撤回本国抵御，亦可见其内忧外侮迭至。计自己亥至今戊申已十年，将近一周之数，夷人不明道德，惟知逞凶专利。天道恶盈，衰灭此其渐乎？

粤人又言：从前洋货聚于粤垣，各省商贾买货者必之粤，于是各携其土所产，如湖丝、江绸、毡裘等物，至粤售卖，即各购洋货，兼带粤产以归。故粤省洋货等铺肆，利息丰饶，久称富庶。各省商贾去回皆带货，获息亦厚。而所经由关口，去回抽税丰盈。可谓上下俱利。自七口议成，各省买洋货者不必之粤，夷人所需湖丝、茶叶、大黄等亦无口不可购也，粤省客商遂不及前此之盛。市肆渐衰，英夷洋货不售，而国家关税因多减少。上下俱匮，皆英夷凶狡、贪得无厌致之。而彼之失利贾害，亦出意计之外。彼蠢尔小丑，乌知治国大道，与夫万物之理哉？

有大臣因管事过多，於奏对时吁求减少。上曰："天下事再有如我多的？"此言诚为至论！抑非独万几之多，即一岁中祭祀节礼之繁，夙兴夜寐之劳，亦极其至焉。而正月元旦为最，尝敬瞻戊申元旦宫门抄云："皇上丑正三刻，出景运门，至奉先殿行礼后还宫。寅初三刻，出东长安门，堂子行礼毕，仍由旧路还宫后。卯正一刻，出启祥门，至寿康宫，诣皇太后前递如意。行礼毕，出慈祥门，进启祥门。弘德殿少坐，出乾清门左后门。升中和殿受礼，太和殿受贺毕，仍走后左门、乾清门。辰正一刻，出顺贞门、神武门，至大高殿拈香毕，出后角门、景山西门，至寿皇殿行礼。阿哥、内廷王等随同行礼，由西路出北上门还宫。"

正月初一日，钦天监奏："风从某地起，主人寿年丰。"亦是概从旧例吉语。其地俱按八卦配八方。

余自甲辰岁，与仪部俞松石同年同居。余时懒散无聊，四壁常不挂字画。松石云："不挂字画，客来多不能久坐。”此言可谓体会入微。

吾师吴大司农退旃先生（椿），斯文宗匠，品端德粹，敦硕庞裕之气，自然感人。自乡党以及朝廷，人皆钦重无间言。初不以词章鸣，谨就见闻所及，录诗数篇。其《昼睡》五古云：“竹杖倚虚壁，芸编置短几。一从悬车轮，偃仰依床笫。衰恭〔躬〕难任事，慵懒故应尔。黄奶漫相嘲，黑甜信为美。昼长梦亦长，午日已移晷。还念待漏时，金钥频倾耳。欲寐不成寐，往往中夜起。反侧昨如何，酣眠今若此。万缘随一心，因之悟至理。颓废良足叹，闲适差可喜。但逊宗少文，卧游好山水。”《甲午浙江秋闱即事》七律四首云：“高秋灏气逼星河，一霎驹光帀月过。老去持衡惭玉尺，古来悬式重金科。尽多黄绢摹宫锦，岂少红纱阻大罗。爨下焦桐终有韵，几番拂拭眼频摩。”“美擅东南竹箭饶，墟分牛斗指璇杓。漫夸昆圃收三郡（辛卯视学越中，科试金衢严三府而事竣），真见丰城烛九霄。锁院烹茶怀陆羽，虚堂误笔笑颜标。初心忽忆秋灯冷，风雨秦淮听夜潮。”“气味芝兰入室香（谓廉峰太史），珊瑚架畔尽琳琅。但期白水盟心共，何处朱衣点首忙。云藻鲜明争击节，星邮迢递记连床（出都后同宿行馆）。况逢闽峤蜺旌驻，指点黄山话故乡（梓庭制府时来杭，与廉峰太史及余皆歙人也）。”“暗中针芥有深缘，蕊榜初开姓氏宣。沧海珠明珍九曲，奎垣烛耀阅三年（辛卯浙闱，以学政与填榜）。文章燕许旋题塔，经术夔龙孰着鞭。云外香飘携满袖，挂帆已趁菊花天（辛卯自浙旋都，亦以九月治装）。”《秋闱校士毕，和廉峰元韵》七律四首云：“并被恩纶试典秋，生花笔让醴陵侯。薰风阆苑辞金马，烈日长途近火牛。李郭敢夸舟共济，韩苏空作柱中流。勉同大雅厘文体，摛藻天庭造凤楼。”“评劳月旦未嫌迟，着意春蚕食叶时。入网珊瑚须七尺，满园姚魏自千枝。毫端意蕊三条烛，纸上心兵一局棋。如鹄料他门外立，曈曈晓日照旌旗。”“锥难脱颖剑藏锋，检点频闻五夜钟。亦有碔砆能混玉，要知丘垤也成峰。一枝几辈思擎柱，双管何人妙画松。只恐披榛兰未掇，涉江空说采芙蓉。”“一般持节暂还家（廉峰旧居锡山，余亦寄籍邗江，回京便道，俱拟小住），先泛秋风八月槎。黄菊杯惊霜信早，紫薇花忆月钩斜。分章尽道文裁锦，付梓还看纸积麻。培植楩楠期报国，语经天览重金华（十四艺谨择尤雅者进呈）。”壬戌同年於嘉庆甲戌重订《齿录》，极为详备，道光丙申冬月己丑及门以重订《齿录》见示，一切悉仿其式。漫题一律志喜云：“花样竟同衣钵付（壬戌重订《齿录》，大庾师题句云：花样应教艺苑传），曲江犹记共登青。题名重见编千佛，拜命曾传聚五星。桃李成阴归长养，芝兰换谱发芳馨。流光八载惊弹指，好励丹忱答大廷。”《七十翁》

七古一首云："七十翁，歌且谣，俯仰天地何逍遥。七十翁，衰颜凋，秋风未起秋发飘。秋发飘兮头似雪，不迎宾客不趋朝。闲居岂与林下异，隐士无待山中招。老兼痼疾合身退，敢希广受清风高。古云生年不满百，秉烛常恐辜良宵。韩、苏、李、杜孰七十？寿世但有诗篇豪。比年旧雨怆怀抱，屈指薤露悲知交。长於我者同七十，云榭不逮开夭桃（仓场侍郎王云榭三月三日生辰，二日八日下世）。少於我者未七十，去年朱吕（朱咏斋尚书六十八、吕仲英五十七）今年陶（陶制府云汀六十二）。筵兮酾酒横涕泗，天末望风增怛忉。甫踰一载逝者四，同谱中外嗟寥寥。我病幸无二竖在，蕉窗竹簟心神超。有时独步拄鸠杖，有时遣兴挥兔毫。一盏悠然试新茗，三杯久矣疏浊醪。去日几何来日几，衰慵任彼旁人嘲。尽抛身世浮云事，对月看花百虑消。"《冬日杂感》四律云："七旬齿发久苍浪，又届寒风逼画廊。闲里光阴忘昼短，睡中滋味爱宵长。望孙且喜先花兆（九月得女孙，谚有先花后果之说），课子时看属草忙。归去更无三径在，茆檐暖日忆江乡。""霜钟入直晓鸣珂，勇退由来为病魔。久苦头风能愈未？生憎鬓雪奈添何。一年易换惟裘葛，三世难逢是缓和。我袭貂狐犹未暖，忍寒应念道旁多。""围炉斗室篆烟微，云散风流往事非。朝露频伤壮年死，晨星益叹古人稀。鼎钟铭泐都成梦，鸥鹭浮沉已息机。展卷何曾求甚解，斜阳留影照书帏。”不伴烟簑理钓纶，卅年驰逐软红尘。春明有梦瞻双阙，夏屋无封哭二人。病骨强支仍蓄艾，乡情屡动岂思莼。梅花数点天心见，莽莽乾坤寄此身。”

顾亭林《日知录》云：“自古国家中叶，多有妖人阑入宫禁之事，固气运之疵，亦是法纪废弛所致。”因历引汉晋至明阑入宫禁之事，而终以万历四十三年张差一事，可谓君子之言，信而有征。吾观嘉庆十八年九月，林清逆党潜入东华门，滋扰宫禁之案，则亭林之言犹信。特林逆恶党众多，内监作引，其势尤大，擒捕不易耳！予甲戌计偕入都，闻都人言去秋林党先日进城，俱肩挑担负，暗藏兵器，并有风声传播，而当事不察，岂非法纪废弛之咎哉？然何以无代无之？亦异矣！

人欲之险，无过财色。自圣贤以下，鲜得免者。酒则有嗜不嗜，嗜亦有甚不甚，宜若患小。乃近年以来，有抽查漕粮御史王庆元，忽於公寓自缢，怀中小字片有公事难办之语。奉旨究其抽查同事满御史及下人，毫无起衅之事，而其自缢仅一小绳，在被首喉间，别无系着之处。盖其人嗜饮，晨夕靡间，此系醉后心迷使然。又戊申二月，奉上谕：“前据琦善奏，四川学政徐士谷嗜酒任气，因其尚无赃私款迹，仅以交部严加议处。兹据该部奏称，徐士谷身任学政，场规故应严肃，何得於酒后任性，将应考稍迟之文童逐出四百余名之多，复将具保之禀生责打，以致外间啧有烦言。徐士谷着即照部议降四级调用，以为学政不自检束者戒。钦此。”四川学政为第一美缺，徐官洗马，系由上书房出差，升擢卿贰甚易，人俱惜之。蜀人言其醉后号令，醒后全忘，反问是何人所说，则其沉湎甚矣。噫！如此饮酒致祸，可不深戒乎？

上海为英夷七口通商之一。道光戊申，苏松太二府一州漕粮改由海运，减船丁舵不下万人，无业无食，果於二月间劫掠上海英夷货物，杀戮人口。夷船由海渡江，抵南京，申诉两江制府李石梧，饬属严拿水手。戮为首数人，而英夷不之信，尚欲索真凶手。时耆介春中堂（英）由粤回京，上令其便道往上海调剂此事。方夷船过镇江，府县俱出接，民间有惊惧逃匿者。及至江宁，制府接见请酒，待以客礼。虽未用武，然镇江、江宁腹地四达，岂可任外夷常此往来惯熟而不为禁拒乎？此宜有隐忧矣。即水手以劫英夷可得温饱无罪，然英夷不可数劫也。后将何如？

京都无梅子，杏酸与梅无异。戊申春暮，读元人黄清老《古乐府》曰：“食杏犹苦酸，食梅当若何？衣褐犹苦寒，衣葛更寒多。”此可以警不知足者。然京师之杏，其酸味犹南方之梅，并无深浅也。

道光丁未，京师冬瘟，伤人甚多。至次年戊申，春瘟尤甚。皆起于喉痛不能食，疹不发出。死有迟速，俗名烂喉痧，即南方所云烂喉疹子也。有编修汤（云松）病甚，忽觉神自顶出，见己身卧床，家人环泣呼号，灌汤水不能入。因大声急语：多灌！而家人亦莫闻也。自思魂已离身，何能再入。见己身胸上坐一人，两胁各坐一人。其胸上人云是玉帝，语汤曰："汝未登第前，力行善事，故得成名。今登第后，多行恶，魂不得归矣！"汤力辩己既有恶，前亦有善，何但记恶，而置善不念？玉帝云："吾为汝衡量之。"既而曰："善恶尚足相抵，可放归。"即不觉神已在身，霍然而愈。汤亲向人述，历历不爽如此。闻人将死，神魂飞散，汤独能凝立身旁，想是三神在身坐镇之力，不致涣散。神明指示愆尤，俾复故躯，盖善根深矣！又有李编修（联琇），其侄孝廉，寄居京中舅氏家，亦患喉症殁。有二子一女，即相继病，俄一子一女俱丧，仅存幼子，亦滨危殆。云亡者念子女，欲携与俱去。编修作信责其侄祸子之非，并斥其过失数事，於柩前焚之。是夜即梦侄来自辨其过，并言不复祸子。次日即愈。观此二事，俱真实非诬，则鬼神去人何远？益可见古今载籍所记鬼神事不谬，谁谓幽冥渺茫哉？

元人全愚蒋正子《山房随笔》云：“金国南迁后，浸弱不支，又迁睢阳。某后不肯播迁，愿死于汴。元遗山诗曰：‘桃李深宫二十年，更将颜色向谁怜？人生只合梁园死，金水河边好墓田。’”按，此系脱胎唐杜牧之“人生只合扬州死，禅智山光好墓田”句。前辈名家，吟兴所至亦往往规橅句调如此。

马端临《文献通考·户口考·叙》云：“光岳既分，风气日漓，民生其间，才益乏而智益劣。士拘於文墨，而授之介胄则惭；农安于犁锄，而问之刀笔则废。以至九流、百工、释老之徒，食土之毛者，日以繁夥，其肩摩袂接，三孱不足以满隅者总总也。于是，民之多寡，不足为国之盛衰。”予读“三孱不足满隅”句，知其必有自出，而一时无可考。遍质友朋，亦莫能解。戊申冬，偶阅宋罗大经《鹤林玉露》云：“平原、孟尝君养天下客，而未尝得一客；张汤、公孙弘接天下士，而未尝得一士。鲁仲连固不肯与鸡鸣狗盗者伍也，汲长孺固不肯与奴颜婢膝者齿也。若得一鲁仲连，则一客可以敌千客；若得一汲长孺，则一士可以埒千士。故山谷诗曰：‘匹士能光国，三孱不满隅。’”乃知贵与本此，然三孱词，山谷亦必有本，俟更考之。

《鹤林玉露》云："绍兴间，黄公度榜第三人陈修，福州人，解试《四海想中兴之美赋》，第五韵隔对云：'葱岭金堤，不日复广轮之土；泰山玉牒，何时清封禅之尘。'时诸郡试卷多经御览，高宗亲书此联于幅纸，黏之殿壁。及唱名，玉音问年几何，曰：'臣年七十三。'问有几子，曰：'臣尚未娶。'乃诏出内人施氏嫁之，年三十，赀奁甚厚。其年第五人方翥，兴化人，解试《中兴日月可冀赋》，一联云：'伫观僚属，复光司隶之仪；忍死须臾，咸泣山东之泪。'亦经御览，亲笔录记，唱名日，特命加一资。"予谓二联情文绵邈，词意精美，似唐黄滔、王棨吐属。陈句佳在着眼"想"字，方句佳在着眼"可冀"字，宜其感动君心，而方用典尤切中兴。

老子《道德经》云："人之大患，在吾有身。"苏子瞻《雪堂文》云："人之为患在有身，身之为患以有心。"尤为道著窾要。

蒋山堂（仁），乾隆朝人，工书法，尤深于米南宫。求书者必先重价，人得其零纸数字，俱珍藏什袭。其署名"仁"字，皆作"匚"字，故又呼为蒋十二。殁后，墨迹尤贵重，且亦希覯。当吾杭梁山舟侍讲书名鼎盛时，独能异军苍头突起，亦豪杰之士也。

临江乡人吴颖芳，号西林，乾隆朝人。著有《临江乡人诗》四卷。其诗高洁清逸，不堕西泠习气。余於琉璃厂肆购得之。其首冠以《自叙》，论诗甚高甚正，使等闲掇拾闲言语以为诗者，不敢易视。

宋魏野颂寇莱公云："有官居鼎鼐，无地起楼台。"传为佳话，一似廉介清贫者。然观欧阳修《归田录》、李昌龄《乐善录》所载，俱云莱公自少富贵，不点油灯，尤好夜宴，剧饮，虽寝室亦然烛达旦。杜祁公为人清俭，在官未尝燃官烛。油灯一炷，荧然欲灭，与客相对，清谈而已。二公皆名臣，而奢俭不同。然祁公寿考终吉；莱公晚年有南迁之祸，遂殁不返。虽其不幸，亦可为戒！按此则莱公豪侈不节，致无地起楼台耳，非廉贫也。虽不可以此概量豪杰，然野所咏，亦不免应酬套语矣。

瞿祐，字宗告〔吉〕，钱唐人。明洪武中，以荐授周府右长史。永乐间，谪戍保安。洪熙时赦还，年八十七。著《剪灯新话》及《乐府歌词》。《善鸣集》选古风二首，七律一首。

戊申春二月，太仆寺少卿，滇南罗蓼生（士芬）疾殁，其继室王氏自尽以殉。刑部验咨礼部，援狄侍御（听）妻王氏殉节例，奏请旌旨，邀准。同时又有工部主事闽县曾元燮遘春瘟故，其妻吞金，幸不死。何闺阁之多贤媛也！昔人言非本身数世修行，不能得佳人。余谓非本身数世修行，不能得节嫠烈妇，此理之可凭者也。

大兴翁覃溪先生（方纲），学识精博，著述、书法，俱极高妙。家藏典籍多加手批，以及法书、名画、古研、古器之属甚富。其居保安寺街。余于戊申夏初，偶与琉璃厂书肆谈及，言其家式微，有本立堂书坊，于道光九年开设，事业微薄。数年后，翁孙背其母，私与卖买。相约定包之大小，畀钱若干，不论何书，任其取盈包数。坐是书画研帖等物悉罄，而本立堂平地发财巨万。此《北梦琐言》所载唐五经语，不肖子孙变为蠹鱼，鬻书而食者也。近闻其保安寺街屋，前屋已售，仅存后屋栖止。并述纪文达、朱文正二公家书籍，亦早售尽。予又闻吾杭董文恪公子，鸿胪寺卿，住西城新街赐宅，前十余年亦卖书鬻器食用。近吾师曹文正公家书亦出售不少。此皆如出一辙。聚无不散物之理，然观不肖子孙如此騃愚，令人气忿，有不如无书之叹。

魏条三农部，丙午夏始居椿树三条胡同一宅，为狐仙所扰，与相争闹。狐云：“魏条三不过司员而已，如何敢与我争？”嗣讲和息争，则又许以必位臬司。后魏移居李铁拐斜街，亦有狐寓。而次年魏补主事，升员外，骎骎有声，视京察一等犹操券也。乃戊申四月内，三子俱患病，次子旋故。条三以痛子，病两日即殁，时五月初一日也。人始知司员之言信，而臬司之言戏也。又闻其长女嫁后，去年归宁数日，亦殁于此屋。今闻其一子一戚与下人又逝。盖一月殁已六人，仅存长子移开，则其为凶宅明矣。《孟子》云：“知命者不立于岩墙之下。”凶宅犹岩墙也，而魏恋此而不徙，何哉？《东坡志林》云：“世有鬼附语者，多婢妾贱人，否则衰病不久当死者也。”想此狐亦因魏衰气而然耳。

道光丁未冬、戊申春，时症伤人不少。有友人云：“此由京师外城聚人过多，积秽侵淫所致。”因偶读宋袁枢《通鉴纪事本末》，“蛮导南诏入寇”事内有云，高骈为西川节度使，至剑州，先遣使走马开城〔成〕都门。或曰：“蛮寇逼近成都，万一豨突，奈何？”骈曰：“吾在交趾，破蛮三十万众。蛮闻我来，逃窜不暇，何敢辄犯成都？今春气向暖，数十万人蕴积城中，生死共处，污秽郁蒸，将成疠疫，不可缓也。”观骈此言，可以发明时症。

道光戊申五月二十五日，与俞松石、倪叶帆两仪部出南西门，游丰台。时芍药已过，石榴、夹竹桃当令，而南来盆种茉莉亦最繁盛。云只采花卖，是茉莉亦有数年之开，与南方无异，盖其冬时窖藏得法耳。此一方数村，俱以卖花为业，并无楼台园沼点缀，犹之野人篱落而已。中有花王庙数楹，前峙戏台。又往诚园，是诚方伯（端）别业，草树荷池，青苍弥望，园址颇广，屋宇未多。上房三层外，南有亭、台各一所，后有小港行舟。结构未见幽深曲折，草创规模而已。都人士女，游观宴会，甚有挟优妓前往者。有司禁止，令男女分日往游，不许混杂滋事。可见胜地之少也。归路又往三官庙，静室清幽，烹茗坐久，僧供素食，颇觉胸次洒然。此庙花局著名，复往观花，种类繁多，树艺得法，盘桓向夕而返。

林和靖清风高节，以诗名当世。“疏影”“暗香”一联最脍炙人口，其他著作不少概见。余近读宋吴处厚《青箱杂记》，得其谢丞相王公随一启。盖天圣中，随以给事中知杭州，日与唱和，亲访其庐，见其颓陋，即出俸钱新之。逋以启谢也。其略曰：“伏蒙府主给事差人送到留题唱和石一片，拜世轩荣（此句有讹），以庇风日。衡茅改色，猿鸟交惊。夫何至陋之穷居，获此不朽之奇事？

窃念顷者清贤巨公，出镇藩服，亦常顾邱樊之侧微，念土木之衰病，不过一枉驾，一式庐而已，未有迂回玉趾，历览环堵。当缨蕤之盛集，摅风雅之秘思，率以赓载，始成编轴。且复构他山之坚润，刊群言之鸿丽，珠联绮错，雕缛相照，辇植置立，贲于空林，信可以夺山水之清晖，发斗牛之宝气者矣！”词气温醇，吐属清丽，迥殊矫激枯寂之习。迨景祐初，逋尚无恙。范文正公亦过其庐，赠逋诗曰：“巢由不愿仕，尧舜岂遗人。”又曰：“风俗因君厚，文章到老醇。”则逋之高隐，岂让严子陵系东汉之名节哉？

孤、寡、不榖，侯王之通称，其见于《左氏传》者，不一而足。乃老子《道德经·法本篇》曰：“贵以贱为本，高必以下为基，是以侯王自谓孤、寡、不毂。”河上公注：“孤、寡，喻孤独；不毂，喻不能，如车毂为众辐所凑。”又《道化篇》亦云：“人之所恶，唯孤、寡、不毂，而王公以为称。”注亦云：“孤、寡、不毂者，不祥之名，而王公以为称者，处谦卑，法虚空和柔。”据此则“不榖”应作“不毂”。然语不经见，用之，未有不斥为误者。

吾杭龚定庵仪部（自珍），余会榜同年也。其祖匏伯先生（敬身），乾隆己丑进士，官云南楚雄府。著有《桂隐山房文稿》上下二卷,《赴滇纪程录》一卷。内《祭先大母嵇太君文》《祔庙日祭府君文》,及《与潘南庐书》,叙三弟禔身亡殁,抚孤寡事。孝友肫挚之性,溢于楮墨,不减古人。其《楚雄莅任告城隍神文》,血诚一片,言简意该。至自纠口是心非,始勤终怠,亦祈神明监观,降以殃咎。凛然圣贤内省慎独之学,岂虚文涂饰耳目者可比?於以见前辈尽职勤民,实心实政,不愧循吏。今岂易得哉?诸子中,丽正,嘉庆丙辰进士,官至苏松太道;守正,壬戌进士,官至礼部尚书。孙,自珍,道光己丑进士,官礼部主事;自闿、自闳,甲辰同榜进士,自闿官中书,自闳官编修。保世滋大,无非忠孝所贻也。

道光廿八年六月户部片奏:“再臣等伏念京师为根本重地,漕粮为兵饷要需,岁将东南米粟数百万石以实仓庾,政系军储,至为重大。乃近年以来,各省亏短漕额,每岁自五六十万至百余万石不等。虽经臣部量入为出,奏请将甲米内稜粟二色,本折兼支;补领米石,全行折色;春秋俸米,酌减一成。无如节省之数,不敌亏短之数。核议招商采买,设局捐输,本年又试行海运。凡此酌量变通,无非为漕粮亏少,设法弥补起见。然兴一利不如除一弊,节其流不如清其源。而究其受弊之源,总由於浮费太重。凡设漕务事件,自水次受兑,以及沿途闸坝、抵道交仓、各处吏胥人等，莫不调剂。浮收勒折，苦累闾阎。迨经费太重，有所赔偿，以致报灾减运，希图稍省，而京储正供，遂行短绌。是其始也因兵糈而设漕粮，继也因漕粮而累百姓。而其后也兵民交困，仅供奸胥、猾吏之侵吞。既病民生，复损国用。言念及此，实切痛心！今欲筹南粮以纾民力，自以裁浮费为先；欲筹京仓以充兵食，则以起全漕为要。而省费足漕，则在有漕务之责者事事认真，力除积弊，以期补救于将来。上年有漕督抚及漕运仓场衙门覆奏减费各折，大抵皆约略敷陈。其实浮费每岁裁革若干，未据切实声明，而漕额之果否能足并未议及。现在沙船运米抵津，较之往年漕粮，究竟增补将及三十万石，京仓借资周转。瞬届办理明岁新漕，倘额数仍前短少，则京仓支放，仍费周章。此次臣部所议，虽指减费而言，实则筹办全漕方为善策。相应请旨饬下有漕各督抚，及漕运总督、仓场侍郎等，体察中外大局，通盘筹画，将从前一切浮费如何方能革除，嗣后各省全漕如何方能起运，悉心妥议，详晰具奏。勿存成见，勿托空言，庶於国计民生两有裨益。臣等愚昧之见是否有当，理合附片陈明，谨奏。”按，漕弊源流、弥补各法，具见于此折。然浮费系旗丁与各蠹私相授受，岂有正经名目？多寡定例，督抚乌从而知之？即访察亦未能周悉，难保人不讳匿，安能将浮费每岁裁减若干切实声明耶？窃谓州县与旗丁议帮费时，先令旗丁将沿路以及至通交仓各处各费若干列款开明，核计总数，则浮费可详知实数矣。将原单呈上督抚，酌其裁减去留。如卫官规费、委员催攒风雨需索坐粮厅等概行裁去；沿途闸坝人夫费，则减而留之；又漕督、仓场、衙门吏胥，及经纪花户等索费，严法禁止。虽不能尽绝，亦不至明目张胆要求年增一年矣。且经纪花户权在验米，然历年来未闻因米不佳退完，下年补运好米者。俱是年年照常交仓，则米亦并无大坏明矣。即有费米佳，无费米坏亦明矣。验其大概不错，即予交仓，使经纪花户不能挑掣留难，则旗丁费少，州县之帮费亦少矣。州县再能洁己办公，而抚、藩、臬、道、府，以及同城佐杂、教职、武员等漕规，漕书、劣衿等侵吞讹索，由抚院出示严禁尽绝，则自无浮收勒折，小民可免重赋矣。然此岂易言哉？吁！

道光二十八年六月，云督臣林则徐片奏："再臣查前次永昌用兵卷内，赵发元等阵亡之事。曾经前督臣具奏，钦奉谕旨：'阵亡之署守备赵发元、署都司缪志林、把总赵得和及阵亡受伤各备弁兵丁，着一体察明，咨部照例议恤等因。钦此。'仰见圣主褒忠近实、激劝戎行至意。惟前奏虽曾叙及赵发元骂贼遇害，而于其借路不允（发元署飞石口守备，回匪贼首张富欲毁红桥，向发元借路，不允大骂），发矢射中张富唇吻，竟至惨被支解、刳心炒食等情，当时尚未查出，致未备细上闻。兹经获犯质讯，佥供如一。并查访舆论，二十五六年阵亡员弁中，无有过赵发元之惨烈者。臣查该故备本系回人，而能深知大义，敌忾捐躯，不肯稍徇同教，尤为难得。彼时被贼乞心炸食，凡在行间者闻之，皆恨不得擒此下手之贼，亦食其肉。今既拿获马无二，供认下手乞取赵发元心肝，而罗万喜亦供认将缪志林乞心支解，又获到同时伙贼供指相符。臣审明后，即将该二犯凌迟处死，并在法场之侧写立赵发元灵牌，于该二犯处死后乞心致祭，以慰忠魂。其行刑之弁兵与观看之军民诚谓国法大伸，人心尽悦。臣并摘叙办理案由，传示各回寨，咸使闻知，以见汉回一体，且冀其追慕忠良，潜消骁悍，于风俗或可有裨。除饬司查明应行议恤之员弁、兵丁速即一体详咨办理外，合并附片具奏。”林督此举，不愧督抚之任已。

道光丙午，南方拍花伤人，见谢御史奏。梁浙抚复奏：“丁未冬，京师时疫伤人，至戊申春夏未息。”则丙午、丁未为厄岁又可见。丁未，河南大旱民饥，至戊申春麦未熟，民家自相食人。及麦熟，久饥骤饱，又伤人无限。山东盗贼，丁未最剧，抚、藩、臬俱谪官。至戊申仍不减，行旅被害，州县官巧为弥缝，而不详禀捕治。皆丁未之余灾也。

戊申六月十一日，工部奏："嗣后应用金器请酌量改铜一折，奉旨依议。"此虽圣人俭德，而金之为百用销毁，无多存者亦可见。盖不独银日少，价日昂也。

松石仪部言："云南有天下大师寺，后人撰对云：'僧为帝，帝亦为僧，一再传衣钵，回头是梦；叔负侄，侄不负叔，三百载江山，到底皆空。'"嗟乎！到底皆空，自开辟至今莫不皆然，岂惟靖难之师哉？近有人题金川门云："究竟难参和尚案，大师天子少师僧。"针对甚佳。

殿试三甲为同进士出身，或有以"如夫人"对"同进士"者。

江西学政，本朝从未简用满洲人。至道光丙戌，以福禹门（申）为之。福制学政大堂对句云："圣朝养士有年，惟满洲视学西江，自今伊始；豫章生财之地，愿诸生希风东鲁，与古为徒。"撰句甚工。"自福任至今又数十年，亦未有满洲继起视学西江者，则信乎不偶也。"松石云。

京师七八月间，有花名晚香玉者，绿茎长条，白花六瓣，类玉簪而小。每日交申酉刻开花，吐香至夜，天明即蕊合香息。其香甜美秾粹，闻之令人体软心荡，芬芳满室。夜移近枕畔，尤觉魂梦酣适也。此与春日丁香、紫藤同为北方佳品，南方所无。

京师琉璃厂书肆，多有杂书摆摊售卖，往往有素所未见及素所欲见而不得者时一遇之，盖其收买甚富也。予尝见有《静用堂续编》一书，内载《与何屺瞻论杨忠烈》，书末一段云："年兄谓康熙庚申、辛酉之间，选侍尚存，令弟炯为工部营缮司时，监修内庭，犹及见之，且述选侍之言曰：'垂帘之事，乃杨、左诸公文致之词，我不过一妇人耳，做得甚事？'某闻之，不觉哑然失笑。夫垂帘之事，幸而杨、左诸公争之甚早，故不至手足迸露耳。若迨牝鸡司晨之日而后救之，则其祸更速且大矣。彼吕雉、武曌独非妇人乎？彼之所做者果甚事乎？杨、左诸公安得以选侍为一无能之女子而晏然坐视哉？夫移宫之事，诸臣争之而酿成党锢之祸，后人犹责备之不已。设诸臣不争而酿成吕、武之祸，吾恐年兄之责备更有辞矣。然则为君子者，必如何而后可免於议也哉？夫令弟之为人，吾不知其贤否何如，即其述选侍之言，吾亦不知其真伪何如，惟是守一家之私说，昧千秋之公议，甚非所望於读书论世之人也。惟年兄再四思之。"按，明末宫内，一经闯贼之扰乱，再经本朝之清除，而选侍先朝著名妃嫔，至康熙年犹在内庭，优游寿考，且得与监修部曹晤语，事颇可疑。其人之真伪未可知，其言之是非亦不必辨，姑载之以广异闻。

道光丁未冬无雪，戊申春又无雨，时症"烂喉痧"遂作。至夏六月上祷雨后，十七八日间，忽大雨倾盆，时晴时作，雨势骤甚，无论小屋，即大屋亦多墙倒室摧。迨八月初始霁。江西道御史方子佩（允镮）住椿树二条胡同。八月初三日，其夫人携子女出门探戚。子佩每日必午睡，是日，仍在卧房睡，忽有客来拜，命司阍复之。客必要会，不肯去，于是出见。甫坐定，而卧房屋倒，得免於难。夫屋将倒，而是日其夫人携子女出门，子佩又因客访不得睡，全家免覆压之祸。此非冥冥中鬼神阴相之，而能如是巧值哉？念之令人悚然，屋漏不可凛欤？

予读侯朝宗《壮悔堂文集》，见其有崇祯已卯南省试策五道；又有顺治辛卯豫省试策五道，且辛卯举豫省第一人，为忌者所阻，斥置副车。窃叹以彼祖父为明公卿世族，不敦首阳之节！且其与吴骏公、答张尔公二书，毅然于出处大节，恐其失足而戒之。于梅村书尤激切，不可出者三，不必出者二，侃侃严正，而顾躬自蹈之。盖责人则明，恕己则昏也。及观其五世族孙洵所为年谱，于顺治八年辛卯公三十四岁下注云："奉司徒公居南园，当事欲按治公，以及於司徒公者，有司趋应省试，方解。”则知其应试有迫之不得已也。至顺治十一年甲午，三十七岁，十二月公卒，知其不复再应试矣。南园者，明亡，司徒公於顺治三年丙戌自筑南园居之也。然是年，朝宗仲兄方夏成进士，乃崇祯六年癸酉举河南乡试第二名举人也。

余少读老泉《族谱亭记》，言其乡俗之薄，起自某人，而曰："且无彰之，庶其有悔乎？"以为某人姓名终不可得而知矣，近观周密《齐东野语》，明载此事，为之一快，今备录之。"沧州先生程公许，字季与，眉山人。仕至文昌，寓居霅川。与先子从容谈蜀中旧事，言老泉与其妻党程氏大有憾。《族谱亭记》所谓某人，不著其姓名者，其妻之兄弟也。老泉有《自尤》诗，述其妻事外家，不得志以死。其辞甚哀，则其怨隙不平也久矣。其后东坡兄弟以念母之故，相与释憾。程正辅于坡为表弟，坡之南迁，时宰闻其先世之隙，遂以正辅为本路宪，将使之甘心焉。而正辅反笃中外之义，相与周旋甚至。坡诗往复倡和中，亦可概见也。正辅上世为县录事，有杀人者狱已具，程独疑之，缓其事，多方物色，果得真杀人者，而系者得释。他日役满家居，梦神告曰：'汝有活冤狱之功，当令汝子孙名宦相继，为衣冠盛族。'至其子孙，遂擢第，其后益大，如梦言。然多行不义，德馨弗闻。有名唐者，宣政间附王、蔡，最贵显。”

宋人杂说最夥，往往一事，彼此屡见，然亦只大同小异。惟皇甫泌一人，魏泰《东轩笔录》以为向敏中之婿。“少年纵逸，多外宠，涉旬不归。敏中方秉政，每优容之。而其女抱病甚笃，敏中妻深以为忧，且有恚怒之词。敏中不得已，具札子乞与泌离异。一日，方欲开陈，真宗圣体似不和，遽离扆坐。敏中迎前奏曰：‘臣有女婿皇甫泌……’语方至此，真宗速应曰：‘甚好，甚好，会得。’已还内矣，词不得毕。已而传诏中书，皇甫泌特转两官。敏中欲翊日奏论，是夕女死，竟不能辨直其事。”又吴处厚《青箱杂记》则以泌为毕文简公之婿。“少时不羁，惟事蒲博。毕公累谕不悛，欲奏加贬斥，方启口云：‘臣有女婿皇甫泌……’适值边庭有急报，不暇敷陈。他日亦如之，若是者三。值上内逼，遽引袖起，遥语毕曰：‘卿累言婿皇甫泌，得非欲转官耶，可与转一资。’毕公不敢辨，唯而退。”情节略同，而婿父迥异。魏泰与吴处厚同为神宗时人，不应传闻讹舛若此。又《青箱杂记》载泌后事曰：“泌即转殿中丞，后累典大郡，以尚书右丞致仕，年八十五卒。”似处厚所记详确，为得其实。又以叹人生有命，穷通得失固有无可勉强者，虽宰相之权亦不能抑之使下。然则其遭摈斥者，殆亦其人之命所致耶？

“夙夜匪懈”四字章法，最难配搭停匀得势。礼部署穿堂内，有严分宜书此四大字匾额，高华整赡，不分背，不冗格，气脉贯注。与贡院“至公堂”三字，皆称绝笔。又礼部堂官办事堂上，英煦斋（和）为少宗伯时，题联句云：“典礼奉寅清，粉署重来，愧说箕裘承世业；同堂聚师弟，薪传递衍，始知桃李属春官。”盖煦斋父德定圃（保）先曾为宗伯，故有上句；煦斋为少宗伯时，座主铁冶亭（保）为大宗伯，故有下句。两事现成，属对工巧，洵佳话也。

青田端木子彝（国瑚），嘉庆戊午举人，中道光癸巳进士已六十余岁矣。其先赴京大挑时，前期梦有棺木三具，浮大水中，己跨一棺居中，左右二棺跨者为周公、郑子产。俄风势大作，波浪掀天，险甚，因回止于岸，而彼周、郑二人滔滔去矣。醒不解所谓。及挑日，果左有周公旦、右有郑之侨二人，与端同挑一等，以知县用。子彝念梦中宦海风波之兆，遂改教职，周、郑不改。梦之预示可信如此，谁谓虚幻哉？按，周公旦，直袭古圣名，恐无是理，或有传讹。

唐人诗云：“三条烛尽钟初动，九转丹成鼎未开。明月渐低人扰扰，不知谁是谪仙才。”此唐试进士之见烛验也。今则童试县、府考给烛，学院试生童均不准给烛；乡、会试皆给烛通宵，次日缴卷。惟京闱稍宽。余曾监顺天乡试，至有延至次日之夜仍给烛，逮四五更始出者。白乐天奏状云："礼部试进士，例许用书册，兼得通宵。"盖亦不禁怀挟矣。今则怀挟及枪替之禁綦严。向例，进士于榜后四五日内覆试，请旨定期命题。举人并无覆试，自怀挟、枪替之弊屡见，遂於道光甲辰科始定复试。京闱亦於四五日内照进士例覆试，各直省举人於来年会试前齐集京师，二月内在贡院覆试，请旨定期命题，派主考监试，惟无房官。其顺天举人覆试，则在正大光明殿，以直隶人俱于考毕回乡，在京人数少故也。其复试有一等、二等、三等，俱准会试。其有疵颣〔纇〕，列四等，或不列等，则罚停会试一二科，或竟黜革，而例益严矣。

三年之丧，次即期功之服为重。京师风俗，类于名片加一期字功字，门口贴期服功服一纸，似亦趋时之意。其於衣服动作，罔循礼制，相见，不知其有服也，特不赴戏席而已。大抵今人持丧礼甚薄，人心安得厚？

漕船本以河运为正途。至道光六年，因黄河阻塞，二十八年，因筹裕京仓，先后试行海运，均属一时权益之计。仰蒙圣谕海运岂能恃为长策，是以二十九年苏松太三属起运漕白粮米，江督李星沅、苏抚陆建瀛仍请同常镇等属，一律仍归河运。盖海运虽速，种种艰险繁累，较河运倍难经画也。

“《五代史》：汉王章为三司使，征利剥下。缗钱出入，元以八十为陌，章每出钱，陌必减其三，至今七十七。为官省钱者，自章始。然今官府于七十七之中，又除头子钱五文有奇，则愈削于章矣。”此宋庐陵罗大经《鹤林玉露》语也。本朝户部发官府公费钱，俱百钱足陌。惟市肆以银易钱，则有满钱九八之异。满钱即足陌，九八则九十八文为陌。市平换满钱，京平换九八钱。市平银一两，则漕平九钱八分也，故曰九八市平。京平银一两，则漕平九钱六分也，故曰九六京平。京师市井恶习，缺数日滋。如以满钱足陌开钱帖，取钱不过九十八文；以九十八文开钱帖，取钱不过九十六文。至道光戊申年则明言钱帖九八，取钱九六矣，而实则又以九十四文为陌，无有与计校者。加以私铸小钱，搀杂愈多。余自幼暨少年所见顺治、康熙、雍正、乾隆钱，铜质黄亮莹净，轮廓宽阔。今皆无有，尽为私铸销化。钱法之敝，未有甚于此时者也，而上不知禁，其敝伊于胡底！

宋太祖陈桥之变，殉周忠烈者仅传韩通一人，不知又有乔、陆二卒长，尤不可及也。按宋临川陈随隐（人名）《随隐（书名）漫录》云：“太祖自陈桥驿拥兵入觐，长入祗候班，乔、陆二卒长率众拒于南门，乃入自北，解衣折箭，誓不杀。咸义不臣，自缢。太祖亲至直舍，叹曰：‘忠义孩儿！’赐庙曰‘忠义’，易班曰‘孩儿’。至今孩儿班于帽子后，垂头髻两条。粉青者为世宗持服，红者贺太祖登极。直舍正门护以黄罗，旁穿小门出入，旌忠也。先臣（至南宋随隐之父藏一）奉敕撰《二侯加封续记》。”今节录之云：“长入祗侯班，乔、陆二侯，忠义见于建隆之初，福祉施于景定之后。雨旸菑患，祷辄应。班首小臣陈村等以状闻，于是忠义咸烈之，褒忠烈德义之宠。盖所以广解衣折箭之誓，俾之与国同休者也。宜刻贞珉，以劝万古。”云云。观此则知乔、陆以卒长，不若韩之显位，微而不传，世鲜知者。要之忠义天性，安有微显之别，予故表而出之。

仁和赵宽夫（坦），嘉庆朝人，笃行君子，长于经学，举孝廉方正。余姚朱少仙（文治）尝属为其父倚亭公家传，谓其子兰曰：“如斯人方不愧为孝廉方正也。”

前门之西珠宝市，每日天色微明，市肆未开，钱业之人，聚肆檐下，或以银易钱，或以钱买银，视其银与钱之多寡而贵贱之。遍京城内外，俱遵之为一日买银换钱之价，谓之行市。明日则又有增减，或仍旧价。道光二十年前，纹银每两换大钱不过一千一百数十文。近十年来，每两竟换至二千数十文不等，不啻加倍。

天下庶政，揔于六部，为人才所自出。京察一等人员，引见记名，道府并放。此皆平素办事精勤、才识卓著者，然多限于资格。以汉员论：吏部一等，则文选、考功二司掌印郎中或员外二人；礼部则仪制、祠祭二司掌印二人；刑部则秋审处提调及坐办共八人；工部则营缮、虞衡二司正主稿二人；兵部则武选、车驾二司总办二人。一等必主于是，他司员莫敢望也。惟户部一等六员则无定。山、陕、云、福四大司正主稿固可得，其余中小各司正主稿亦可保举。甚有一小司正主稿二人俱得一等者，在平日当差之勤能耳，盖数异于五部之有专主，他司即有资深才优之员，亦格于例而无能希冀者。至满员一等，六部俱较汉员数多，然简放反甚少。往往汉员放完，而满员历京察数次，不得外用也。

京师各部院衙门京察，俱于年内腊月各堂官定期进署。众司官过堂毕，封门。堂官在堂上商定一等封好，过数日拆封宣示，其余俱列二等。然不待拆封，而人已无不知一等某某也；亦不待过堂，而人早无不知一等某某也。至次年正月开印后，又在吏部衙门过堂一次。中堂一人、都察院堂官一人居左，吏部堂官一人居右，又有吏科京畿道满汉御史、给事中各二员，坐都察院堂官座少下监察。其大堂柱侧设二高凳，有吏立其上，左唱官名，右唱应留。本人闻名出向中堂、都察院堂官座前，迎面少站即退，是谓过堂。然后一等者，于二月初吏部引见。圈出后，再令各堂官出具切实考语，覆带引见，记名后召见。都察院独无过堂，但将履历开送堂上，咨吏部，次年吏部过堂亦不往，但令吏役送名片与吏部署而已。翰、詹、科、道皆如此。

"进士之举，至本朝尤盛，而沿革不同。开宝六年，因徐士廉伐鼓诉讼，帝御讲武殿复试，覆试自此始；赐诗，自兴国二年吕蒙正榜始；分甲次，自兴国八年王世则榜始；赐袍笏，自祥符中姚晔榜始；宴，自吕蒙正榜始；赐同出身，自王世则榜始；赐别科出身，自咸平三年陈尧咨榜始；唱名，自雍熙二年梁灏榜始。弥封、誊录、覆考、编绯（疑'排'字，误），皆始于景德、祥符之间。雍熙中，著作佐郎乐史特赐进士及第，诏附于兴国五年第一等之下，赐第附榜始此。"右见宋王辟之《渑水燕谈录》。今惟赐诗，赐别科出身、赐第附榜俱裁，余皆相沿成例。赐袍笏，即今之进士赐表里也。

“张邓公士逊，以监察御史为诸科考试官，以举子有当避亲者，求免去，主司不从，真宗嘉之。自后试官亲戚悉牒送别头考校，至今著为令。”右亦见《渑水燕谈录》。今京师乡、会试，为主试房官子弟、亲戚，回避之例甚严，往往临场不得与试，未免向隅，亦非搜罗人才之意。似宜援宋制牒送别头考校，则两得之。

今庶吉士散馆、翰林大考，皆用赋，限官韵，而每段必押在末韵，且依官韵次第字数不少乱，盖以醒阅卷之目也。其所押官韵字，又必另寻典故，不依官韵本意，一以避雷同，一以见新巧。昔宋马永卿《懒真子》云：“王禹玉年二十许，就扬州秋解，试《瑚琏赋》，官韵‘端木赐为宗庙之器’。满场中多第二韵用‘木’字，云‘惟彼至人，粤有端木’。而禹玉独于第六韵用之：‘上睎颜氏，愿为可铸之金；下笑宰予，耻作不雕之木。’则其奇巧亦异矣哉。”按，此不用雷同之端木，而独用宰予朽木见巧，正为今世开妙法门。

宋陆放翁《老学庵笔记》云：“政和以后，斜封墨敕盛行，乃有以寺监长官视待制者，大抵皆以非道得之。晁叔用以谓‘视待制’可对‘如夫人’，盖为清议贬黜如此。”云云。今世殿试三甲进士，为同进士出身。或有以“如夫人”对“同进士”者，较工，然无所讥刺也。

笔记又云：“禁中旧有丝鞋局，专挑供御丝鞋，不知其数。尝见蜀将吴珙被赐数百緉，皆经奉御者。寿皇继位，惟临朝服丝鞋，退即以罗鞋易之，遂废此局。”按，此宋人视朝犹用鞋。本朝上下皆用靴，然未知始于何世。

和珅，号致斋，著《嘉乐堂诗集》。其弟和琳，号希斋，著《芸香堂诗集》。其子丰绅殷德，号润圃，尚十公主，著《延禧堂诗钞》。一家俱尚风雅。和相集有《己未上元夜狱中对月》五律二首，内有句云：“百年俱是梦，廿载枉劳神。”至此始悟晚矣！又云：“星辰环冷月，缧绁泣孤臣。对景伤前事，怀才误此身。余生料无几，空负九重仁。”读之一似孤孽含冤，不类怙权倚势、黩货乱政者。元遗山云：“心画心声总失真，文章宁复见为人？”谅哉！和宅在地安门外西三转桥，其后门近李广桥。道光壬午、癸未间，余寓兴化寺街协揆汪文端师宅，每于夏月日落时，与同寓友往十刹海纳凉，玩荷观钓。路经和宅后门，想见当时气焰熏天，辄为诵扬子云“高明之家，鬼瞰其室”数语。

《东坡志林》云："近世笔工不能经师匠，妄生新意，择毫虽精，形制诡异，不与人手相谋。独钱唐程奕所制，有三十年前意味，使人作字，不知有笔，亦是一快。"予寓京师日久，嘉庆年间，但知笔价昂则佳，廉则丑，不知笔之不善也。乃至道光年，笔价愈昂愈丑。每当考试差、会试年，南方笔客云集，每枝大钱五百文、一千文，较前贵甚，而无一字如意，且一卷不完辄坏。其下笔时疵病百出，千枝一律。即从南方买寄亦然，并有久称佳制而名存实亡者。人人道苦。询之笔工，动云兔毫少而贵。然兔毫作笔，自昔已然，不应此一二十年中衰耗若是。此盖贪利重而不肯加毫尽心精制，亦可见风俗人心败坏之一端也。因观坡公"作字不知有笔"语，感叹记之。

余观历代史，自明以上，仕於朝者无不重内而轻外。故唐则外任曰"迁谪"，宋则不得志辄请外。国朝嘉庆以前不可知，道光年间则京职俱以外放为期，或特旨，或京察一等，得辄相贺如愿。久居京职，则叹淹滞。似乎重外而轻内，独与古反。或曰："古之京职，俸养优厚，安富尊荣，故不愿外。今则戚戚然常虞匮乏，冀外官饶给。又翰林编检、六部员外及御史俱放知府，郎中及给事中俱放道，官阶视内为高，故人乐趋尔。"然予近读宋叶梦得《避暑录话》二则，一云："阮裕为临海太守，召为秘书监，不就。复为东阳太守，再召为侍中，又不就，遂还剡中以老。或问裕，屡辞聘召而宰二郡，何耶？曰：‘非敢为高。吾少无宦情，兼拙于人间。既不能躬耕，必有所资，故曲躬二郡岂以聘能，私计故耳！’人情千载不远，吾自大观后，叨冒已多，未尝不怀归，而家旧无百亩田，不得已犹为汝南、许昌二郡，正以不能无资，如裕所云。既罢许昌，俸廪之余，粗可经营，了伏腊，即不敢更怀轩冕之意。今衣食不至乏绝，则二郡之赐也。但吾归而复出，所得又愈于前，则不能无愧于裕。”一云：“范尧夫每仕京师，早晚二膳，自己至婢妾皆治于家，往往镌削，过为简俭。有不饱者，虽既登政府亦然。补外则付之外厨，加料几倍，无不厌余。或问其故，曰：‘人进退虽在己，然亦未有不累于妻孥者。吾欲使居中，则劳且不足，在外则逸而有余。’故处吾左右者，朝夕所言，必以外为乐，而无顾恋京师之意，于吾亦一佐也。前辈严于出处，每致其意如此。”

余尝怪宋李易安之才华，为赵阅道之媳，明诚之妇，晚乃嫁张汝砺，殊为无耻可惜。乃观宋人说部书，则职官夫死妻嫁，本属常事。如状元彭汝砺为江西运判，有曾氏子，监洪州盐米仓，卒于官。其妻养明宋氏有色，彭纳之。王荆公次子雱，为太常寺太祝，素有心疾，与妻庞氏日相斗哄。荆公念其妇无罪，离异之，则恐其误被恶声，遂与择婿嫁之。谚语云："王太祝生前嫁妇，侯工部死后休妻。"此则尤为不经。宋人行义，颇近东汉，况荆公之爵位名望乎？

宋周辉《清波杂志》云："大观东库，物有入而无出，只端砚有三千余枚。张滋墨世谓胜李廷珪，亦无虑十万斤。"又云："蔡京库中，点检见在数目，得三十七秤黄雀鲊，自地积至栋者满三楹。他物称是。童贯既败，籍没家赀，得剂成理中圆千斤。'胡椒铢两多，安用八百斛？'今古所记一律。"按此不徒见积蓄之富，正可见当时物力之饶，若今世无是物产也。古今诚不相及哉。

《左传》鲁哀公元年："秋八月，吴侵陈，修旧怨也。"《礼记·檀弓》："吴侵陈，斩祀杀厉，师还出境。陈太宰嚭使于师，夫差谓行人仪曰：'是夫也多言，盍尝问焉？'"《陈澔集说》，并无疑辨，惟载石梁王氏曰："是时吴亦有太宰嚭，如何？"愚按《论语》"太宰问于子贡曰"，孔注："太宰官名，或吴或宋，未可知也。"则陈无太宰可见。"行人子羽修饰之"，朱注："行人，掌使之官。"则吴师出境，陈遣行人使师，修好息争可见。此必《檀弓》错简，若作"陈行人仪使于师，夫差谓太宰嚭曰"，则情事悉协。但此亦显而易见者，岂前人有论，而陈澔不之取耶？

《砖塔铭》运笔瘦挺而不枯削，结体超逸而不倾险，洵足拔奇名家之外。惟惜世多赝本，面貌犹是，神趣索然。其真者，相传仅存零星七纸，寥寥不足厌好古者之意。王小崖世兄（沆）於琉璃厂肆购得一本，波磔完好，丰彩秀异，非一切赝本可及，且尚有二百余字之夥，定为旧拓，当非虚赏，而余亦得一玩味焉。信乎，夙世有翰墨之缘耶！